EIN LEBEN MIT CHRISTUS

EMMAUS-FERNBIBELKURS

2

12 Lektionen
von William Mac Donald

Emmaus-Fernbibelschule
Postfach 168
6340 Dillenburg

ISBN 3 921 932 06 8

2. Überarbeitete Auflage – 1982

Original: »Lessons For Christian Living«
Inhaltliche Überarbeitung der deutschen Ausgabe – 1982:
Helmut Tillmanns, Dieter Boddenberg, Margitta Paul
Herausgeber: Emmaus Fernbibelschule, Postf. 168, D-6340 Dillenburg 1, Germany
Grafik: Eberhard Platte, Wuppertal
Gesamtherstellung: St.-Johannis-Druckerei, 7630 Lahr-Dinglingen
Printed in Germany . 19055/1982

Inhalt

William MacDonald

William MacDonald war von 1947–1965 Lehrer und die letzten sechs Jahre davon Leiter der bekannten Emmaus Bibelschule in Oak Park Ill., USA.

Anleitung zum Studium

Bevor Sie mit dem Studium beginnen, bitten Sie Gott, er möge Ihnen Ihr Herz öffnen für die Wahrheit seines Wortes. Lesen Sie jede Lektion mindestens zweimal durch, das erste Mal, um den Überblick über den Inhalt zu bekommen, das zweite Mal, um alle angegebenen Bibelstellen nachzuschlagen.

Test zur Selbstkorrektur

Bevor Sie eine Prüfung ablegen, können Sie sich durch die Tests zur Selbstkorrektur vergewissern, ob Sie den durchgearbeiteten Stoff beherrschen oder nicht. Bitte nehmen Sie die Korrektur selbst vor. Die Antworten sind nach dem jeweiligen Test angegeben. Die Tests also nicht an die Emmaus-Fernbibelschule einsenden.
Fragen, die Sie falsch beantwortet haben, sollten Sie nochmals in der Lektion nachschlagen und durcharbeiten.

Prüfungen

Jede Prüfung erstreckt sich auf 2 Lektionen (Prüfung 1 z. B. auf Lektion 1 und 2). In jeder Prüfung ist deutlich gekennzeichnet, welche Fragen sich auf welche Lektion beziehen. Sie können die Prüfung in zwei Teilen ablegen. Wenn Sie die Lektion 1 durchgearbeitet haben, können Sie die ersten 10 Fragen der Prüfung 1 beantworten, die sich auf diese Lektion beziehen. *Schicken Sie jedoch den Prüfungsbogen erst dann ein, wenn Sie die Lektion 2 beendet und die restlichen 10 Prüfungsfragen beantwortet haben. Schicken Sie niemals eine einzelne Prüfungslektion zur Korrektur ein, bevor nicht beide Teile beantwortet sind.*

1. Fragen zur Anleitung im Bibelstudium

Einige Prüfungen enthalten Fragen, die Sie zum Bibelstudium hinführen sollen. Sie können Ihre Bibel benutzen, um diese Fragen zu beantworten. Sie sind deutlich gekennzeichnet.

2. Was sagen Sie dazu?

Unter dieser Überschrift stellen wir zusätzliche Fragen, die jedoch nicht zensiert werden. Sie können frei und offen Ihre persönliche Meinung äußern. Offene Antworten helfen Ihrem Lehrer, Sie besser kennenzulernen. Außerdem helfen sie uns, zu beurteilen, ob der Kurs seinen Zweck erfüllt.

3. Wie werden Ihre Prüfungsbogen bewertet?

Falsch beantwortete Fragen werden von Ihrem Lehrer angestrichen. Sie bekommen dann einen Hinweis auf Bibelstellen oder die Seitenangaben in dem Kurs, wo Sie die richtigen Antworten finden.

Gruppenarbeit

Wenn Sie den Kurs mit anderen Teilnehmern in einer Gruppe studieren, geben Sie die Prüfungsbogen dem Gruppenleiter. Dieser schickt sie dann gesammelt an die Emmaus-Fernbibelschule.

Antwortschlüssel

Für diesen Kurs steht ein Antwortschlüssel zur Verfügung für den Fall, daß der Leiter einer Gruppe die Prüfungen selbst korrigiert. Wenden Sie sich diesbezüglich an die Emmaus Fernbibelschule.

Allgemeine Hinweise

Beginnen Sie sofort mit dem Studium bzw., wenn Sie in einer Gruppe arbeiten, zusammen mit den anderen. Versuchen Sie, beim Studium einen gewissen Plan einzuhalten, z. B. indem Sie jede Woche eine Lektion und alle zwei Wochen eine Prüfung ablegen. Dann können Sie den Kurs in drei Monaten zum Abschluß bringen. Für das Studium können Sie jede beliebige Bibelübersetzung benutzen. In diesem Kurs sind die Bibelzitate der »Elberfelder Übersetzung« entnommen.

8. Mai 88

Lektion 1

Wiedergeboren

Was ist eigentlich unter dem Vorgang zu verstehen, den wir mit Wiedergeburt oder Neugeburt bezeichnen? (Wie jede menschliche Geburt sich nur in ihren Grundzügen ähnelt, jedes Mal jedoch ein Wunder für sich ist, gilt dies auch im geistlichen Sinn.) Zumeist geht der Wiedergeburt das tiefe Bewußtwerden des verlorenen Zustandes vor Gott voraus: Der Sünder hätte es verdient, die Ewigkeit in der Trennung von Gott, d. h. in der Hölle zu verbringen. Diese Erkenntnis schenkt nur der Heilige Geist. Niemand kann sich selbst erlösen und begangene Schuld durch gutes, ethisches Verhalten ungeschehen machen. Man kann zwar Schuld und Sünde abstreiten, aber das ist Rebellion gegen Gott. Die Erlösung ist nur möglich, wenn das stellvertretende Sühnungswerk durch Jesus Christus, des wahren Menschen und wahren Gottes, im Glauben in Anspruch genommen wird. Glaube bedeutet in diesem Sinn nicht formale, religiöse Frömmigkeit, sondern daß in der Praxis nicht mehr ich sondern Christus Herr meines Lebens ist. Da er den Tod überwunden hat, haben alle an Jesus Christus Glaubenden ewiges Leben.

Wir wollen einige Punkte der Reihe nach durcharbeiten:

1. *Der Wiedergeborene ist begnadigt in dem Geliebten* (Eph. 1, 6), d. h. Gott räumt ihm die gleiche Stellung ein, wie sie sein Sohn, Jesus Christus, besitzt. Gott sieht den Gläubigen »in Christus« (2. Kor. 5, 17). Der Christ hat wie der Sohn den vollen Zugang zu Gott, dem Vater, was vorher unmöglich war (Eph. 2, 6–7). Der Christ genießt dasselbe Wohlgefallen, das der Vater an dem Herrn Jesus hat.
2. *Der Wiedergeborene ist ein Kind Gottes* (Joh. 1, 12). Im natürlichen Leben ist es ein Grund zu Stolz und Freude, aus einer Familie zu stammen, die sich durch ungewöhnliche Begabung, großen Einfluß und kluge Menschenführung auszeichnet. Wieviel mehr dürfen es echte Christen als eine Ehre betrachten,

Kinder des allmächtigen Schöpfers Himmels und der Erde zu sein (Gal. 3, 26), der solche lobenswerten Eigenschaften in Vollkommenheit besitzt, so daß die überirdischen Wesen, die Engel, in vollem Wissen und Anerkennen seiner Hoheit, Allmacht und Weisheit anbetend vor ihm niederfallen.

3. *Der Wiedergeborene ist von Gott gerechtfertigt worden* (Röm. 3, 24; 5, 1; 8, 30. 33). Hier handelt es sich um eine juristische Erklärung, durch die Gott den Sünder aufgrund des Glaubens an den stellvertretenden Sühnetod Christi für »nicht schuldig« spricht und ihn von jetzt an so betrachtet, als habe er niemals eine Sünde begangen. Mit Christi Erlösungswerk am Kreuz wurde die ganze Strafe bezahlt, die der Wiedergeborene hätte tragen müssen. Gott in seiner Heiligkeit, der keine Sünde dulden kann, wurde zufriedengestellt. Jeder, der Christi Erlösung am Kreuz als stellvertretend für sich im Glauben angenommen hat, wird nie mehr für seine Sünde bestraft werden (Röm. 8, 1).
4. *Der Wiedergeborene ist ein Tempel des Heiligen Geistes.* Der Heilige Geist, wohnt in jedem, der Christus in seinem Leben als Herrn aufgenommen hat (1. Kor. 6, 19). Das umfaßt das ganze Sein des Gläubigen und soll sein gesamtes Verhalten beeinflussen (Röm. 6, 19). Deshalb sollte der Gläubige immer darauf achten, daß Wort und Tat miteinander übereinstimmen.
5. *Der Wiedergeborene ist ein Glied der wahren Gemeinde Gottes* (1. Kor. 12, 13). Die Gemeinde Gottes ist der »Leib des Christus« (Kol. 1, 18. 24). Christus ist das Haupt; der Leib setzt sich weltweit aus denen zusammen, die Christus, aufgrund persönlicher Entscheidung, im Glauben als Herrn ihres Lebens angenommen haben (Apg. 2, 47) und Glieder am Leib des Christus sind.
6. *Der Wiedergeborene wird ein Erbe Gottes* (Röm. 8, 17). Gott ist der Schöpfer und Besitzer des gesamten Universums. Seinen Kindern hat er versprochen, Miterben Christi zu sein.
7. *Der Wiedergeborene ist ein Heiliger* (Röm. 1, 7). Aufgrund der neuen Stellung in Christus betrachtet Gott jeden an Christus gläubigen Menschen als heilig. Weil Christus heilig ist, ist der Gläubige in Christus geheiligt (1. Kor. 1, 2). Die Bibel versteht unter heilig alles, was durch den Heiligen Geist für den Dienst Gottes erwählt und ausgesondert ist (Ps. 4, 4).

8. *Der Wiedergeborene ist in Christus vollendet.* »Denn in ihm wohnt die ganze Fülle der Gottheit leibhaftig; und ihr seid in ihm zur Fülle gebracht« (Kol. 2, 9. 10). Aufgrund des Glaubens an Jesus Christus sind Gotteskinder ihrer Stellung nach ebenso vollkommen wie der Sohn Gottes. Einem Gläubigen fehlt nichts mehr zur völligen Gemeinschaft mit dem Vater in Zeit und Ewigkeit. Er darf alles in Anspruch nehmen, weil ihm alles geschenkt ist.
9. *Der Wiedergeborene besitzt die göttliche Natur* (2. Petr. 1, 4). Aufgrund der Abwendung vom alten, sündigen Zustand entstehen ganz andere Wertmaßstäbe und Ziele im Leben des Gläubigen. Der Gläubige wird Verlangen haben, Mitchristen und Gleichgesinnte zu treffen, um sich auszutauschen, seinen Glauben zu vertiefen und zu festigen und den gemeinsamen Herrn zu preisen, zu loben und anzubeten. Nach der Wiedergeburt ist dies das natürliche Wachstum mit dem Ziel, Christus ähnlicher zu werden, dadurch, daß die neue göttliche Natur mehr und mehr zur Entfaltung kommt (2. Kor. 3, 18; Kol. 3, 10). Das ist der Wille Gottes, denn Gott hat den Gläubigen wiedergeboren zu dem Zweck, daß er ihn verherrliche.
10. *Der Wiedergeborene ist in Gott geborgen* (Röm. 8, 28). Der Gläubige, der Christus als Herrn seines Lebens angenommen hat, steht unter Gottes Schutz. Es kann ihm daher nichts zustoßen, was Gott nicht zugelassen hat. »Zufälle« gibt es nicht, denn alles, was einem Kind Gottes widerfährt, muß zu seinem Guten dienen, auch Prüfungen, wie Leiden verschiedenster Art. Sie haben einen Sinn: Sie tragen zum geistlichen Wachstum, zur Vertiefung des Glaubens bei, der sich unter Belastungen bewähren soll (Röm. 5, 3–5; 1. Petr. 1, 7).

Wegen der großen Güte Gottes sollte jeder Gläubige Gott wenigstens auf zwei Arten danken:

1. Er sollte nicht aufhören, Gott zu preisen und anzubeten für die Errettung durch den Herrn Jesus Christus (Kol. 1, 12. 13).
2. Er sollte sein Leben bedingungslos und ganz dem Herrn Jesus hingeben, der ihn am Kreuz von Golgatha mit dem höchsten Preis für Gott erkauft hat (Röm. 12, 1).

Test zur Selbstkorrektur – Lektion 1

Bitte die ausgelassenen oder angefangenen Wörter einsetzen, den Buchstaben der richtigen Antwort angeben oder, wenn es ein »Richtig/Falsch-Test« ist, »R« oder »F« einsetzen.

Dir richtigen Antworten finden Sie auf Seite 16

1. Erkennt ein Mensch, daß er vor Gott ein Sünder ist und bereut seine S ünde und tut B uße, ist er b egnadigt in den »Geliebten«.

2. Die Wiedergeburt ist einzig und allein das Werk des Heiligen Geistes. Möchte jemand errettet werden, läßt er sich leiten; (a) von seiner Vernunft und seinem Verstand; (b) von einem begabten Theologen, der ihm das Wort auslegt; (c) vom Heiligen Geist. c

3. Wer den Herrn Jesus aufgenommen hat ist ein »Kind Gottes«. Das heißt in biblischer Sprache, (a) daß alle Menschen seine Geschwister sind; (b) daß der Mensch von neuem geboren ist; (c) daß alle Menschen Gott als ihren Vater ansprechen können; (d) daß hier ausschließlich von Säuglingen und kleinen Kindern die Rede ist. b

4. Gott, der Vater, hat jedes Kind Gottes gerechtfertigt. Das bedeutet, daß Gott den gläubig gewordenen Sünder als g erecht und nicht s ündig ansieht. Er betrachtet ihn so, als ob er niemals g esündigt hätte.

5. Durch den Tod Jesu am Kreuz (a) zeigt Gott, daß auch gute Menschen sterben müssen; (b) wird der, der an Jesus Christus glaubt, gerechtfertigt und nie mehr für seine Sünde bestraft; c) ist der Mensch ein Stück näher zu Gott gekommen. b

6. Wird jemand von Gott als gerecht erklärt, bezieht der Heilige Geist Wohnung in ihm, d. h. er ist ein Tempel des H *eiligen* G *eistes*. Deswegen sollte ein K *ind* G *ottes* stets bedenken, was es sagt und was es tut.

7. Glieder der Gemeinde Gottes sind (a) alle Kinder Gottes; (b) alle, die wiedergeboren sind; (c) alle, die gerechtfertigt worden sind; (d) alle, die sich einer Gemeinde angeschlossen haben; (e) – alle Antworten sind richtig; (f) – nur die ersten drei Antworten sind richtig. *4*

8. Die Christen werden in der Bibel auch H *eilige* genannt. Alle, die sich erretten ließen, sind H *eilig*. Sie sind in Christus geheiligt, d. h. durch den Heiligen Geist für G *ott* a *usgesondert*.

9. Ein Christ wird ein E *rbe* Gottes, ein M *iterbe* C *hristi*

10. Jemand, der von neuem geboren ist, hat das Verlangen, nach göttlichen Maßstäben zu leben. Eine nie zuvor gekannte Abscheu gegenüber der Sünde tritt ein, weil er eine g ______ N ______ erhalten hat.

11. Ein Eigentum Jesu (jemand, der wiedergeboren ist) hat durch die Gnade Gottes alles erhalten, um passend für die Ewigkeit zu sein. Selbst P ______, wie L ______ verschiedenster Art tragen zu seinem geistlichen W ______ bei und sind immer zu seinem Besten. Der Wiedergeborene wird erfahren, daß ihm C ______ in schweren Stunden Trost, Beistand und Schutz gibt.

12. Ein Christ betet Gott, den Vater, durch Jesus Christus an, weil er dadurch (a) etwas von seiner großen Schuld zurückzahlt; (b) für die ihm geschenkte Erlösung dankt; (c) seine Errettung noch fester machen kann; (d) anderen Christen beweist, daß er eine wichtige Stellung innerhalb der Gemeinde einnehmen kann. ____________

Antworten zum Test zur Selbstkorrektur – Lektion 1

1. Sünden; Buße; begnadigt
2. c.
3. b.
4. gerecht, schuldig, gesündigt.
5. b.
6. Heiligen Geistes, Kind Gottes.
7. f.
8. Heilige, Gott, ausgesondert.
9. Erbe; Miterbe Christi.
10. göttliche Natur.
11. Prüfungen; Leiden; Wachstum; Christus.
12. b.

Die »Test«-Antworten bitte **nicht** an die Emmaus-Fernbibelschule einsenden.

Lektion 2

Heilsgewißheit

Sie fragen: »Wie kann ich wissen, daß ich errettet bin?« Wir wollen in diesem Zusammenhang folgende Grundsätze des Glaubens noch einmal überdenken:

1. Die Bibel ist Gottes Wort. Sie ist absolut wahr. Sie bezeugt es selbst. Dem Wort Gottes können Sie völlig vertrauen (Titus 1, 2).
2. Die Bibel sagt, daß Sie errettet sind, wenn Sie Ihre Sünden bereuen, Buße tun und an Jesu Christus, Sohn des lebendigen Gottes, glauben.
3. Die entscheidende Frage ist: Sind Sie jemals als Sünder zu Christus gekommen (d. h. als jemand, der in Auflehnung gegen Gott und Ablehnung seines Erlösungsweges in Jesus Christus lebte)? Kamen Sie mit der Bitte: »Herr, erlöse mich von meinen Sünden?« Haben Sie ihn im Glauben als den angenommen, der stellvertretend die ganze Schuld Ihrer Sünde bezahlt hat? (Tit. 2, 14).
4. Wenn ja, dann dürfen Sie die Zusicherung Gottes in seinem Wort annehmen, daß Sie errettet sind (1. Joh. 5, 13).

Noch einmal möchten wir der Wichtigkeit halber betonen: Die Heilsgewißheit gründet sich auf das unumstößliche Versprechen des wahrhaftigen Gottes in seinem Wort. 1. Johannes 5, 13 bezeugt dies. Jeder Christ sollte diesen Vers immer im Gedächtnis behalten, und nach Möglichkeit auswendiglernen: »Dies habe ich euch geschrieben, damit ihr wißt, daß ihr ewiges Leben habt, die ihr an den Namen des Sohnes Gottes glaubt.«

Diese Tatsache dürfen Sie im Vertrauen auf den wahrhaftigen Gott annehmen.

Viele machen nun den Fehler, daß sie sich mehr auf ihre Gefühle verlassen als auf das Versprechen Gottes in seinem Wort. Sie erwarten ein mystisches, eindrückliches Gefühlserlebnis. Bleibt dieses aus, zweifeln sie an der Wirklichkeit ihrer Erlösung. Wer jedoch die Heilsgewißheit von seinen Gefühlen abhängig macht, wird früher oder später in ernstes Fragen kommen, denn Gefühle sind von äußeren Umständen abhängig und daher unbeständig. Gott dagegen, der von Ewigkeit zu Ewigkeit ist, und sein Wort ändern sich nie. Vertrauen Sie deshalb der felsenfesten Verheißung Gottes und niemals ihren Gefühlen.

Jetzt fragen Sie vielleicht: »Darf die Erlösung nicht von einem Glücksgefühl begleitet sein?« O doch! Dennoch ist es wichtig, das Wissen um die Errettung nicht davon abhängig zu machen. Gewißheit über die Erlösung beruht auf dem Vertrauen zu dem ewigen Gott, der sie durch sein unumstößliches Wort zugesagt hat. Wegen der Befreiung von Schuld und Sünde und mit dem Einzug des Heiligen Geistes erlebt der Mensch den Frieden und die Freude, die sonst nicht zu erhalten sind.

Drei weitere Merkmale für die Errettung!

1. Liebe zu Brüdern und Schwestern im Glauben (1. Joh. 3, 14; Kol. 1, 4).
2. Das Zeugnis des Heiligen Geistes, der in dem Gläubigen wohnt (1. Joh. 5, 10; Röm. 8, 16). Der Heilige Geist bestätigt dem Denken derer, die Christus im Glauben als Herrn angenommen haben, daß sie Kinder Gottes sind.
3. Der Wunsch, sich nicht durch Sünde zu verunreinigen, und der Wunsch nach innerem Wachstum, also ein deutlicher »Richtungswechsel« (Röm. 6, 19–23).

Die Gewißheit des Heils wird sich vertiefen, wenn Sie dem Herrn Jesus die Herrschaft über alle Bereiche Ihres Lebens überlassen und nach den Grundsätzen der Bibel leben. Es gibt wenigstens drei Dinge, die eine Hilfe sein können:

1. Regelmäßiges Bibellesen. Streben Sie danach, das Gelesene in der Kraft des Geistes auszuleben.
2. Regelmäßiges Gebet. Nennen Sie dem Herrn Jesus Ihre Schwierigkeiten und Anliegen und bitten Sie ihn um Weisheit und Führung in allen Lebenslagen (Eph. 1, 18).
3. Regelmäßiges Weitersagen. Sagen Sie anderen, wer Jesus Chri-

stus ist und was Ihnen sein Erlösungswerk bedeutet. Führen Sie Menschen zu Christus (2. Kor. 5, 20)!

Zum Schluß noch ein Rat für alle, die sich ihrer Errettung nicht gewiß sind, es aber gern sein möchten: Vielleicht haben Sie sich in der Vergangenheit irgendwann einmal dem Herrn Jesus anvertraut, sind sich aber nicht sicher, ob Sie errettet sind.

Tun Sie folgendes: Sagen Sie dem Herrn Jesus, daß Sie sich Ihrer Errettung nicht sicher sind, aber daß Sie jetzt sein Eigentum werden möchten. Sagen Sie ihm, daß Sie erkannt haben, daß Sie in Trennung von ihm, in der Rebellion und in der Ablehnung seines Werkes am Kreuz lebten und daher keine Hoffnung auf ein ewiges Leben über den Tod hinaus haben. Nehmen Sie jetzt den Herrn Jesus als ihren persönlichen Heiland an, indem Sie glauben, daß er am Kreuz von Golgatha als Ihr Stellvertreter starb, die Schuld Ihrer Sünden sühnte und Sie daher errettet hat.

Nun schlagen Sie Apostelgeschichte 16, 31 auf. Gott verspricht allen, die an den Herrn Jesus Christus glauben: »So wirst du . . . errettet.« Glauben Sie dieser Zusage! Wenn Satan Sie wegen Ihrer Errettung in Zweifel bringt, dann berufen Sie sich ganz bewußt auf das Wort Gottes: Johannes 1, 12; 3, 36; 5, 24; Römer 10, 9. Vertrauen Sie, daß Gott Sie errettet hat, weil Sie an Christus glauben. Halten Sie diese Bibelworte Satan entgegen, denn diese Aussagen bezeugen ganz klar, daß Sie durch Jesus Christus errettet sind. Auch der Herr Jesus, der Sohn Gottes, gebrauchte Gottes Wort, um Satan zu besiegen (Matth. 4). Darum gebrauchen auch Sie das Wort Gottes gegen den Teufel, dann wird er Sie nicht mehr länger mit Zweifeln plagen können.

Test zur Selbstkorrektur – Lektion 2

Bitte die ausgelassenen oder angefangenen Wörter einsetzen, den Buchstaben der richtigen Antwort angeben oder, wenn es ein »Richtig/Falsch-Test« ist, »R« oder »F« einsetzen.

Die richtigen Antworten finden Sie auf Seite 23

1. Die Bibel bezeugt, daß sie von Gott inspiriert ist. Sie ist G______ W______ und deshalb absolut wahr. Die Bibel bezeugt ferner, daß Sie e______ sind, wenn Sie Ihre Sünden bereuen, Buße tun und Jesus Christus als Herrn aufnehmen.

2. Die H______ S______ bezeugt, daß jeder, der an den Namen des S______ G______ glaubt, nicht v____ geht, sondern ewiges Leben hat.

3. Nach den Aussagen des Wortes Gottes kann man wissen, daß man errettet ist, und zwar in dem Augenblick, in dem (a) der Herr Jesus wiederkommt; (b) man gestorben ist; (c) man an den Herrn Jesus glaubt; (d) man sich einer bibelgläubigen Gemeinde anschließt. __________

4. Viele begehen den Fehler, daß sie ihre Heilsgewißheit von ihren G______ und Empfindungen abhängig machen. Diese können sich von einem Augenblick zum anderen ä______. Das W______ G______ dagegen ändert sich nie. Es bleibt in Ewigkeit.

5. Jemand, der den Herrn Jesus als seinen Heiland aufgenommen hat, erlebt wahre Freude und Frieden. Dazu bedarf er aber der G______ des Heils. Ein Mensch kann sich seines Heils gewiß

sein, wenn er sich von seinen S_______ abwendet, J_______ aufnimmt, und dem Versprechen in der B_______ glaubt.

6. Es gibt mehrere Merkmale, die dem Gläubigen bezeugen, daß er errettet ist. Er liebt die Geschwister in Christo, er trägt in sich das Zeugnis des Heiligen Geistes.
Lebt ein Mensch weiterhin bewußt in Sünde und hat kein Verlangen nach Gemeinschaft mit anderen Gläubigen, können wir annehmen, (a) daß er das Zeugnis des Heiligen Geistes nicht in sich trägt; (b) daß er nicht errettet ist; (c) daß er den Herrn Jesus als seinen persönlichen Heiland noch annehmen muß; (d) – alle Aussagen sind richtig. _______

7. Ein wahrer Christ verabscheut die Sünde und liebt, was Gott gefällt. Für einen Gläubigen ist Sünde (a) völlig belanglos; (b) etwas, das er verabscheut; (c) etwas, das in seinem Leben nie mehr vorkommt; (d) nur eine Einbildung. _______

8. Der Gläubige, der in der Erkenntnis des Herrn wächst, d. h. immer mehr die Person Christi und sein Werk verstehen lernt, wird im Glauben tiefer und fester werden. Drei Dinge sind ihm dabei eine große Hilfe: Erstens, das Lesen und Studieren des W_______ G_______; zweitens, das G_______ und drittens, Jesus Christus vor anderen Menschen zu b_______.

9. Sollten Sie sich nicht sicher sein, daß Sie wirklich errettet sind, sollten Sie (a) Mitglied einer Gemeinde werden, um dadurch das Heil zu erlangen; (b) jeden Tag anhaltend um ein Gefühl des Errettetseins beten; (c) sofort Ihre Sünden bekennen und den Herrn Jesus als Ihren persönlichen Heiland annehmen. _______

10. Der Apostel Paulus sagte dem Kerkermeister in Philippi »Glaube an den Herrn Jesus, und du wirst e______ werden« (Apg. 16, 31). Der Kerkermeister wurde errettet, weil er dem Ruf Gottes gehorchte und an Jesus Christus g______.

11. Greift Satan unseren Glauben an den Herrn Jesus an, sollten wir (a) ihm sagen, daß wir klug und weise sind; (b) uns über ihn lustig machen; (c) ihm sagen, daß wir glaubensstarke Christen sind; (d) ihm das Wort Gottes entgegenhalten. __________

Antworten zum Test zur Selbstkorrektur – Lektion 2

1. Gottes Wort; errettet.
2. Heilige Schrift; Sohn Gottes; verloren.
3. c.
4. Gefühlen; ändern; Wort Gottes.
5. Gewißheit; Sünden; Jesus, Bibel.
6. d.
7. b.
8. Wort Gottes; Gebet; bekennen (bezeugen).
9. c.
10. errettet; glaubte.
11. d.

Die »Test«-Antworten bitte nicht an die Emmaus-Fernbibelschule einsenden.

Wenn Sie den Stoff von Lektion 1 und 2 beherrschen, können Sie die 1. Prüfung ablegen (siehe Prüfungsteil) und zur Korrektur an uns einsenden.

Lektion 3

Für immer geborgen (Heilssicherheit)

Kann ein Kind Gottes verlorengehen? Ein Mensch, der von neuem geboren ist, kann nie mehr verlorengehen. Ein Kind Gottes ist in Jesu Händen für alle Zeiten sicher geborgen. Als Beweis dieser herrlichen Wahrheit führen wir nachfolgend sieben Schriftstellen an. Es könnten noch mehr angegeben werden, aber zunächst möchten wir Sie bitten, sich einmal mit diesen Versen vertraut zu machen.

1. Johannes 10, 27–29. Jesus Christus sagt: »Ich gebe ihnen ewiges Leben, und sie gehen nicht verloren ewiglich.« Stellen Sie sich ganz auf dieses felsenfeste Fundament der Verheißung Jesu. Der Herr kennt die sein sind, sie hören auf seine Stimme und folgen ihm. Das Versprechen Christi ist: »Und niemand kann sie aus meiner Hand rauben.« Jesus Christus ist der gute Hirte und kein Schaf seiner Herde wird je umkommen. Gott, der Vater, hat vollkommenen Schutz durch Jesus Christus verheißen.
2. Johannes 5, 24. Der Herr Jesus verspricht, daß, wer sein Wort hört und dem glaubt, der ihn gesandt hat, ewiges Leben hat, und nicht in das Gericht oder die Verdammnis kommt. Da er selbst die Wahrheit ist, dürfen Sie seinem Versprechen als unumstößliche Tatsache vertrauen.
3. Johannes 3, 36: »Wer an den Sohn glaubt, hat ewiges Leben.« Beachten Sie, daß nicht gesagt wird, »der wird einmal das ewige Leben haben«. Er *hat* es schon jetzt. Dieses Leben ist im wahrsten Sinne des Wortes ewig.
4. Römer 8, 38. 39. Der Apostel Paulus schreibt, daß weder Engel noch Fürstentümer, weder Gegenwärtiges noch Zukünftiges, noch Gewalten, weder Höhe noch Tiefe, noch irgendein anderes Geschöpf ein Kind Gottes von der Liebe Gottes zu scheiden vermögen. Eine noch größere Sicherheit kann Gott dem Gläubigen nicht mehr schenken.

5. Johannes 6, 39. Dieser Vers betont, daß Gott Christus alle Gläubigen anvertraut hat, um sie bis ans Ende zu erhalten. Wäre es denkbar, daß Christus das ihm von Gott anvertraute Gut veruntreuen oder verlieren könnte?
6. 2. Timotheus 1, 12. Paulus drückt hier aus, wem er völlig vertraut. Er ist davon überzeugt, daß Christus mächtig ist, seine Seele zu bewahren.
7. Judas 24. Der Herr Jesus kann den Gläubigen vor dem Straucheln bewahren. Er wird ihn sicher an das himmlische Ziel bringen. Ebensowenig wie sich ein Christ selbst erretten kann, ist er auch nicht imstande, sich selbst zu bewahren. Gott übernimmt es für ihn (1. Petr. 1, 5). Ein Christ wird in der Kraft Gottes durch den Glauben bewahrt.

In Verbindung mit dem Thema der Sicherheit des Gläubigen möchten wir noch einige weitere Tatsachen anführen. Es ist gut, sich diese besonders zu merken.

1. Ein Gläubiger verliert sein Heil nicht, wenn er sündigt. Christus hat ein für allemal die Strafe für alle Sünden des Gläubigen bezahlt: die der Vergangenheit, der Gegenwart und auch der Zukunft. Gott verlangt die Bezahlung nicht zweimal. Weil Christus für Ihre Sünden gestorben ist, brauchen Sie nicht mehr für sie zu sterben. Gott, der gerechte Richter, vergibt rückhaltlos allen, die an den Herrn Jesus und sein Werk am Kreuz glauben.
2. Wenn ein Christ sündigt, verunehrt er seinen himmlischen Vater. Die Gemeinschaft, die zwischen dem Kind Gottes und seinem himmlischen Vater besteht, ist solange getrübt, bis diese Sünde bekannt worden ist (1. Joh. 1, 9). Es ist nötig, den großen Unterschied zwischen Gott als Richter (über den unbußfertigen Sünder) und als Vater seines in Sünde gefallenen Kindes zu sehen. Im ersten Fall ist die Strafe für die Sünde der Tod und die Verdammnis, im anderen ist es die unterbrochene Gemeinschaft (1. Joh. 2, 1–2).
3. Doch sollte ein Kind Gottes diese Wahrheit niemals zum Anlaß für leichtfertiges Sündigen nehmen. Wenn es sich von seinem Vater entfernt, bedeutet das nicht nur Stillstand und Rückgang im Glaubenswachstum, sondern oft auch harte Züchtigung (Hebräer 12, 6–7). In einigen Fällen kann dies sogar den Tod

bedeuten; der Leib stirbt, damit der Geist des Christen errettet wird (1. Kor. 5, 5).

4. Obwohl ein Christ nicht sündlos ist und noch sündigen kann und leider auch sündigt, wird doch ein wirkliches Gotteskind nicht in der Knechtschaft der Sünde bleiben wollen. Wenn ein Mensch jedoch fortwährend in Sünde lebt und auch durch schwere Züchtigungen nicht zu einem Leben in der Gemeinschaft mit Gott findet, ist das ein sicheres Zeichen dafür, daß er nie wiedergeboren war. Das Wissen um die unverlierbare Gotteskindschaft darf keine Entschuldigung zum Sündigen sein, sondern wird vielmehr ein Ansporn sein, der Sünde abzusagen und zur Ehre Gottes zu leben.
5. Es gibt einige Verse in der Bibel, die den Anschein erwecken, daß ein Wiedergeborener verlorengehen könne. Wenn Sie aber sorgfältig prüfen, werden Sie entdecken, daß sich diese Bibelstellen auf Menschen beziehen, die nur vorgeben, Christen zu sein, es in Wirklichkeit aber nicht sind, die den Weg zum Heil zwar erkannt, aber abgelehnt haben. Die Schrift sagt an keiner Stelle, daß ein wiedergeborener Mensch verlorengehen kann. Er ist in den Händen Jesu und des Vaters geborgen in alle Ewigkeit.

Test zur Selbstkorrektur – Lektion 3

Bitte die ausgelassenen oder angefangenen Wörter einsetzen, den Buchstaben der richtigen Antwort angeben oder, wenn es ein »Richtig/Falsch-Test« ist, »R« oder »F« einsetzen.

Die richtigen Antworten finden Sie auf Seite 29

1. Christus hat allen, die von neuem geboren sind, verheißen, daß sie nimmermehr u_______ werden. Die Bibel lehrt eindeutig, daß niemand die, die ihm von seinem V_______ gegeben wurden, aus seiner H_______ rauben kann. Der Gläubige wird von Gott, dem Vater, und Gott, dem S_______ bewahrt. Er ist für alle Zeiten sicher g_______.

2. Fernerhin hat der Herr Jesus verheißen, daß, wer sein Wort h______ und dem g______, der ihn gesandt hat, ewiges Leben hat und nicht in das Gericht kommt, sondern aus dem T______ in das L______ übergegangen ist.

3. Ewiges Leben bedeutet, für immer mit Gott zu leben. Wann kann ein Christ wissen, daß er ewiges Leben hat?
   a) Schon in diesem Leben,
   b) Nachdem der Tod eingetreten ist,
   c) Niemand auf dieser Erde kann dies wissen. ________

4. Der Apostel Paulus zählt in Römer 8 mehrere Dinge auf, die nicht imstande sind, den Gläubigen von der Liebe Gottes zu s______. Wenn er dann am Schluß noch hinzufügt »noch irgendein anderes Geschöpf«, so sehen wir daraus deutlich, daß n______ in der Lage ist, ein Kind Gottes von der L______ Gottes zu scheiden.

5. Richtig (R) oder falsch (F)?
   a) Gott, der Vater, ist nicht daran interessiert, den Gläubigen zu bewahren. Es genügt, daß er errrettet ist. ________
   b. Nur der Tod kann den Gläubigen von der Liebe Gottes trennen. ________
   c. Ein wahrer Christ ist aus dem Tod in das Leben übergegangen. ________
   d. Nach Johannes 6, 39 ist es der Wille Gottes, daß Christus nichts von dem verliert, was der Vater ihm gegeben hat. ________
   e. Es ist unmöglich, daß Christus sein Wort bricht. ________

6. Der Gläubige wird vor dem Straucheln bewahrt und in den Himmel kommen a) weil Gott bei der Wiedergeburt seine alte Natur völlig hin-

weggetan hat; b) weil der Christ nun in seiner eigenen Kraft leben kann; c) weil er von Gottes Kraft getragen und bewahrt wird; d) weil er täglich gute Werke verrichtet. ________

7. In Römer 8, 30 heißt es, daß jeder, der durch das Werk des Herrn Jesus mit Gott versöhnt ist, von Gott schon jetzt als g______ und v______ betrachtet wird.

8. Obwohl ein Christ seine E______ und das ewige Leben nicht verliert, wenn er sündigt, verunehrt und verletzt er Gott damit. Deshalb kann Gott Nöte, Schwierigkeiten, Krankheiten und Leiden zulassen, um den Gläubigen zu z______. Dies kann sogar den T____ bedeuten.

9. Warum sollte ein Gläubiger seine Sünde immer sofort bekennen?
a) Um sein verlorenes Heil wieder zurückzugewinnen; b) um sicher zu sein, daß er errettet bleibt; c) um wieder innige Gemeinschaft mit seinem himmlischen Vater zu haben. d) – Keine dieser Antworten sind zutreffend. ________

10. Schriftstellen, die scheinbar aussagen, daß ein Kind Gottes wieder verlorengehen könne, beziehen sich bei sorgfältiger Prüfung a) auf Satan und seine Engel; b) nur auf wenig entschieden lebende Christen; c) nur auf solche, die vorgeben, wiedergeboren zu sein; d) auf solche, die Christus vorsätzlich verworfen haben; e) c und d sind zutreffend. ________

Antworten zum Test zur Selbstkorrektur – Lektion 3

1. umkommen; Vater; Hand; Sohn; geborgen.
2. hört; glaubt; Tod; Leben.
3. a.
4. scheiden; niemand; Liebe.
5. F; F; R; R; R.
6. c.
7. gerechtfertigt; verherrlicht.
8. Erlösung; züchtigen; Tod.
9. c.
10. e.

Die »Test«-Antworten bitte nicht an die Emmaus-Fernbibelschule einsenden.

Sieg in Versuchungen

Wie kann ein Christ Versuchungen widerstehen? Wenn ein Mensch Jesus Christus im Glauben als Herrn seines Lebens annimmt, wird in seinem Inneren ein großer Kampf einsetzen. Er besitzt jetzt die neue Natur, das Leben aus Gott. Er wird die Sünde verabscheuen und nur das tun wollen, was Gott gefällt. Gleichzeitig besitzt er auch noch seine alte Natur, die ihn dauernd zur Sünde verleiten möchte. Diese beiden Naturen stehen im ständigen Widerstreit (Gal. 5, 16. 17; Röm. 8, 5–8).
Die alte Natur ist von der Sünde verdorben und unverbesserlich. Erst durch den Tod wird der natürliche, sündhafte Leib abgelegt. Als Christus an unserer Statt am Kreuz starb, ist unsere alte, sündige Natur mitgestorben. Gott will, daß wir sie als tot betrachten. Nähren und pflegen Sie daher die alte Natur nicht. Konzentrieren und fördern Sie vielmehr die neue, göttliche Natur in Ihnen (Röm. 13, 14).
Ein Christ kann also den Versuchungen zur Sünde widerstehen, wenn er dem Fleisch, der alten Natur, nicht nachgibt. Da Sie den Heiligen Geist besitzen, liegt es an Ihnen, ob das neue Leben in Ihrem Inneren zur Entfaltung kommt oder nicht.

1. Lesen Sie regelmäßig die Bibel? Studieren Sie sie. Lernen Sie einzelne Abschnitte auswendig. Denken Sie über das Gelesene nach. Beachten Sie Psalm 119, 11: »In meinem Herzen habe ich dein Wort verwahrt, damit ich nicht gegen dich sündige.« Hier erfahren Sie, daß das Wort Gottes hilft, Sie vor der Sünde zu bewahren. Setzen Sie deshalb jeden Tag eine bestimmte Zeit zum Studium des Wortes Gottes fest (Kol. 3, 16).
2. Beten Sie ohne Unterlaß! Sehen Sie sich Versuchungen gegenübergestellt, dann bitten Sie sofort Gott um Hilfe (Hebr. 4, 16). Er wird Ihnen die Kraft zum Überwinden schenken (1. Kor. 10, 13). Wenn Sie aus eigener Kraft und nicht in der Kraft des

Heiligen Geistes zu widerstehen versuchen, werden Sie bestimmt unterliegen.

3. Suchen Sie die Gemeinschaft der Kinder Gottes und nicht die der Gottlosen und Verächter und Gegner Jesu (Spr. 1, 10–16; Hebr. 10, 24. 25). Ein Christ muß zwar mit Ungläubigen zusammen arbeiten und wohnen, aber er sollte sich fragen, wieweit sein gesellschaftlicher Umgang und seine Freundschaften mit seinem neuen Leben in Einklang zu bringen sind.
4. Bekennen Sie immer sofort Ihre Sünden. Achten Sie auf das Mahnen des Heiligen Geistes in Ihnen. Sobald Sie merken, daß Sie den himmlischen Vater durch sündige Gedanken, Worte oder Taten betrübt haben, bitten Sie ihn sofort um Vergebung. »Wenn wir unsere Sünden bekennen, ist er treu und gerecht, daß er uns die Sünden vergibt und uns reinigt von jeder Ungerechtigkeit« (1. Joh. 1, 9). Warten Sie damit nicht erst bis zum Abend oder bis zum Wochenende (Spr. 28, 13).
5. Werden Sie im Dienst für den Herr nicht nachlässig. Jemand hat mit Recht gesagt, daß müßige Hände zur Werkstatt des Teufels führen. Übergeben Sie Ihr Leben *ganz* dem Herrn, damit er Sie gebrauchen kann, wie er es wünscht (Röm. 6, 19). Es gibt eine Fülle von Arbeit im Reich Gottes; Sie dienen dabei dem Allerhöchsten, dem allerbesten Meister und erhalten reichen Lohn dafür.
6. Sorgen Sie für körperlichen Ausgleich! Der Leib des Gläubigen ist ein Tempel des Heiligen Geistes (1. Kor. 6, 19. 20). Deshalb müssen wir darauf achten, daß unser Körper gesund, stark und widerstandsfähig bleibt.
7. Bringen Sie sich selbst nicht in Versuchungen. Gehen Sie den Versuchungen bewußt aus dem Weg. Überlegen Sie sich, was Sie lesen und anschauen, wo Sie hingehen und was Sie sich anhören (Kol. 3, 5–9).
8. Nähren und pflegen Sie die neue Natur. Beschäftigen Sie sich viel mit Christus und dem Wort Gottes. Das wird Sie vor der Sünde bewahren (Kol. 3, 10–14). Christus ist das große Geheimnis eines geheiligten Lebens. Beachten Sie in diesem Zusammenhang auch Philipper 4, 8. Es ist ein Prinzip, daß uns das prägt, mit dem wir umgehen. In 2. Korinther 3, 18 wird uns gesagt, daß wir dem Herrn Jesus immer ähnlicher werden, wenn wir ihn anhand

seines Wortes betrachten. Durch den in uns wohnenden Heiligen Geist werden wir dann immer mehr in seine Art verwandelt. »Beschäftigung mit anderen bringt Enttäuschung, Beschäftigung mit sich selbst Kummer, Beschäftigung mit Christus dagegen höchste Freude.«

Noch ein letztes Wort! Sie werden aus dem Gesagten erkennen, daß der Sieg in Versuchungen nicht ein einmaliges Ereignis ist, sondern von Fall zu Fall in der Abhängigkeit von Gott errungen wird. Es spielt dabei keine Rolle, wie alt wir sind oder wieviel biblisches Wissen wir uns persönlich angeeignet haben. Wir stehen immer in der Gefahr, den Versuchungen zu unterliegen, wenn wir uns vom Herrn abwenden (Luk. 22, 54–62).

Test zur Selbstkorrektur – Lektion 4

Bitte die ausgelassenen oder angefangenen Wörter einsetzen, den Buchstaben der richtigen Antwort angeben oder, wenn es ein »Richtig/Falsch-Test« ist, »R« oder »F« einsetzen.

Die richtige Antwort finden Sie auf Seite 35

1. Ist jemand von neuem geboren, hat er eine n______ g______ Natur. Bald wird er aber merken, daß er trotzdem noch seine a______ s______ Natur besitzt. Diese beiden Naturen stehen im ständigen W______.

2. Die neue Natur möchte das G______ tun, die alte Natur aber das B______. Die alte sündige Natur ist unheilbar v______ und kann in diesem Leben nicht verbessert oder weggenommen werden. Sie sollte im T__ gehalten werden.

3. Der Gläubige sollte die alte sündige Natur als tot betrachten und die neue Natur fördern, indem er regelmäßig die B______ liest, und über das

Gelesene nachdenkt. Einzelne Verse oder Abschnitte der Bibel sollte er a______ lernen. Will die alte Natur die Oberhand gewinnen, sollte sich der Gläubige die auswendig gelernten Verse des Wortes Gottes ins Gedächtnis rufen und gleichzeitig Gott um H______ und Beistand in den Versuchungen b______.

4. In seinen Beziehungen zu ungläubigen Menschen sollte der Christ a) Interesse zeigen, indem er bei all ihren Vergnügungen mitmacht; b) durch Wort und Verhalten ein Hinweis auf Christus sein; c) Zeugnis ablegen von seinem Herrn; d) ihnen sagen, daß sie bessere Menschen werden sollten; e) b und c sind richtig; f) alle Antworten sind richtig. ______

5. Richtig (R) oder falsch (F)?
   a. Erst wenn man die alte Natur losgeworden ist, kann man sicher sein, daß man ein richtiger Christ geworden ist. ______
   b. Man kann kaum etwas tun, um seine alte Natur unter Kontrolle zu halten. ______
   c. Ein Christ sollte seinen ungläubigen Mitmenschen durch Wort und Tat ein Zeugnis sein. ______
   d. Beschäftigung mit Christus ist das große Geheimnis eines geheiligten Lebens. ______
   e. Es ist gut, an zweifelhaften Feiern der Ungläubigen teilzunehmen, weil dadurch bei ihnen ein Verlangen nach Christus geweckt wird. ______

6. Sobald ein Christ erkennt, daß er gesündigt hat, a) sollte er darauf achten, es nicht zu vergessen und es bei seiner nächsten regelmäßigen Gebetszeit bekennen; b) sollte er es unbedingt am nächsten Abend bekennen; c) sollte er dies sofort dem Herrn bekennen; d) sollte er es schnell

verdrängen, damit es schnell in Vergessenheit gerät. ________

7. Weil der Heilige Geist in jedem Gläubigen wohnt, sollte er a) seine Zeit nicht für körperlichen Ausgleich verschwenden; b) für körperlichen Ausgleich sorgen, damit er gesund und widerstandsfähig bleibt; c) eifrig sein im Dienst für den Herrn; d) b und c treffen zu. ________

8. Der Gläubige steht immer in der Gefahr, von Satan versucht zu werden. Die alte N______ sollte daher ausgehungert und im T______ gehalten werden. Die neue Natur dagegen muß fortwährend genährt und gepflegt werden. – Da Jesus uns stets im Wort Gottes vor Augen gehalten wird, werden wir ihm immer ä______, je mehr wir uns von diesem Wort nähren.

9. Was gehört zusammen?

1. Die alte Natur	a) von Gott geschenkt
2. Die neue Natur	b) sofort bekennen
3. Sünde eines Gläubigen	c) stehen im ständigen Widerstreit
4. Die alte und neue Natur	d) im Tode halten

1. ____________________ und ____________________
2. ____________________ und ____________________
3. ____________________ und ____________________
4. ____________________ und ____________________

Antworten zum Test zur Selbstkorrektur – Lektion 4

1. neue göttliche; alte sündige; Widerstreit.
2. Gute; Böse; verdorben; Tode.
3. Bibel; auswendig; Hilfe; bitten.
4. e.
5. F; F; R; R; F;
6. c.
7. d.
8. Natur; Tode; ähnlicher.
9. 1 u. d; 2 u. a; 3 u. b; 4 u. c.

Die »Test«-Antworten bitte nicht an die Emmaus-Fernbibelschule einsenden.

Wenn Sie den Stoff von Lektion 3 und 4 beherrschen, können Sie die 2. Prüfung ablegen (siehe Prüfungsteil) und zur Korrektur an uns einsenden.

Glauben und Nachfolge

Das neue Leben in Christus bleibt, wenn es echt ist, nicht Theorie, sondern bestimmt unser ganzes Verhalten und unsere Wertmaßstäbe im Alltag, die oft nicht mit denen unserer Mitmenschen übereinstimmen. Deshalb stellt sich für den Christen ständig die Frage, wie er Christus konkret in sein tägliches Leben hineinnehmen kann, um Licht und Salz zu sein. Wie weit kann ein Christ gehen, ohne im Umgang mit den Menschen um uns her, die einem anderen Herrn dienen, Kompromisse zu machen? Viele Neubekehrte sind über diese und ähnliche Fragen beunruhigt. Die Bibel gibt deutliche, richtungsweisende Antworten, wenn sie auch auf viele Einzelfragen nicht eingeht. Wir wollen Ihnen aber in dieser Lektion einige Leitlinien aufzeigen, um jeweils die rechte Entscheidung zu treffen. Die Suche nach Antwort auf folgende Fragen wird helfen, sich als Christ im täglichen Leben richtig zu verhalten.

1. Was sagt die Bibel dazu? Ist etwas ausdrücklich in der Schrift verboten? Wenn ja, dann sollten Sie gehorchen zu Ihrem geistlichen und vielleicht äußeren Wohl. In Zweifelsfällen sollten Sie prüfen, ob die Schrift darüber irgendwelche Aussagen macht oder Beispiele anführt (1. Thess. 5, 22).
2. Dient etwas zur Ehre und zur Verherrlichung Gottes? In 1. Korinther 10, 31 lesen wir die unmißverständliche Ermahnung: »Ob ihr nun eßt oder trinkt oder sonst etwas tut, tut alles zur Ehre Gottes. Seid unanstößig . . .« Bevor Sie sich in eine bestimmte Sache einlassen, fragen Sie sich erst, ob Sie dafür aufrichtig um Gottes Segen bitten können und ob Gott dadurch geehrt wird.
3. Was ist das Motiv? Ist es Liebe zur Welt und ihren Dingen? »Liebt nicht die Welt noch was in der Welt ist! Wenn jemand die Welt liebt, ist die Liebe des Vaters nicht in ihm; denn alles, was in der Welt ist, die Lust des Fleisches und die Lust der Augen und der Hochmut des Lebens, ist nicht vom Vater, sondern ist

von der Welt. Und die Welt vergeht und ihre Lust; wer aber den Willen Gottes tut, bleibt in Ewigkeit« 1. Johannes 2, 15–17.

4. Was würde der Herr Jesus dazu sagen? Er hat uns ein Vorbild gegeben, damit wir seinen Fußspuren nachfolgen (1. Petr. 2, 21).
5. Freuen Sie sich auf das Wiederkommen des Herrn Jesus? Ein treuer Zeuge gab den weisen Rat: »Tue nichts, sage nichts und gehe nirgendwohin, wenn du dich darüber beim Kommen des Herrn schämen müßtest!« (1. Joh. 2, 28). Berührt es Sie unangenehm, wenn Sie daran denken, daß Sie einmal vor den Richterstuhl des Christus gerufen werden und Ihr irdisches Leben »offenbar wird«?
6. Können Sie etwas tun in dem Bewußtsein, daß Gott, der Heilige Geist, in Ihnen wohnt?« »Oder wißt ihr nicht, daß euer Leib ein Tempel des Heiligen Geistes ist, den ihr von Gott habt, und daß ihr nicht euch selbst gehört?« (1. Kor. 6, 19). Bitte lesen Sie auch Epheser 4, 30.
7. Ist Ihr Tun mit Ihrem neuen Leben als Christ zu vereinbaren und ehrt es den, der es Ihnen geschenkt hat? Müßte sich Christus in dieser Lage für Sie schämen, können Sie es vor ihm verantworten? (siehe auch Röm. 2, 24; Kol. 1, 10).
8. Welche Auswirkungen wird Ihr Verhalten auf andere haben? Gibt es einen Unterschied zwischen Christen und Nichtchristen? Könnte ein junger Gläubiger durch Ihr Verhalten rückfällig werden? »Daher, wenn jemand in Christus ist, so ist er eine neue Schöpfung, das Alte ist vergangen, siehe, Neues ist geworden« (2. Kor. 5, 17). In Römer 14, 13 warnt Paulus: » . . . daß dem Bruder kein Anstoß oder Ärgernis gegeben wird.«
9. Haben Sie in Ihrem Herzen Zweifel über die Richtigkeit »dieser Sache«? Wenn ja, dann unterlassen Sie sie, denn »was nicht aus Glauben geschieht, das ist Sünde« (Röm. 14, 23).
10. Ist Ihr Vorhaben Zeitverschwendung oder folgen Sie der Mahnung in Epheser 5, 16, die Zeit gut auszukaufen, d. h. richtig zu nutzen? Selbst eine an und für sich gute Sache kann uns hindern, keine Zeit für die Dinge des Herrn zu haben.
11. Sind finanzielle Auslagen erforderlich? Sie sollten sich fragen, ob das Geld richtig angewandt ist. Der Herr hat Ihnen Geld und

Besitz anvertraut und möchte, daß Sie nicht ein unabhängiger, sondern weiser Verwalter sind, damit es so zur Verherrlichung Gottes und zum Segen für andere dient (Luk. 16, 9–11).

12. Ist es ein Hindernis, das sich später zu einer Bürde entwickelt? Könnte es eine Verführung des Teufels sein, die sie vom Weg des Glaubens abbringen will? (Hebr. 12, 1). Vieles, was an und für sich nicht verkehrt ist, kann im Streben auf das Ziel hin in der »Kampfbahn des Glaubens« behindern, zum Beispiel zu großer beruflicher Ehrgeiz auf Kosten von Familie und Gemeinde oder Überbetonung von gesellschaftlichen Verpflichtungen, Sport und Hobbies.

Dennoch sollten Sie es sich immer vor Augen halten, daß die Bibel kein ethisches Gesetzbuch ist. Der Christ »ist nicht unter dem Gesetz, sondern unter der Gnade« (Röm. 6, 14. 15). Kompromisse mit der Welt unterläßt der Christ daher nicht aus Zwang, sondern aus Dankbarkeit gegenüber Christus, der so viel für ihn getan hat (2. Kor. 5, 14. 15). Darum leben Sie so, daß Ihr Leben mit Ihrer hohen Berufung übereinstimmt (Eph. 4, 1).

Der Christ steht in der Gefahr, seine hohe Stellung im Herrn zu vergessen und sich wieder von den Maßstäben dieser Welt bestimmen zu lassen. Das wird ihn unglücklich machen, und nicht nur das, er wird auch seine Funktion als Licht und Salz verlieren.

Test zur Selbstkorrektur – Lektion 5

Bitte die ausgelassenen oder angefangenen Wörter einsetzen, den Buchstaben der richtigen Antwort angeben oder, wenn es ein »Richtig/Falsch-Test« ist, »R« oder »F« einsetzen.

Die richtige Antwort finden Sie auf Seite 41

1. Viele Fragen über das Verhalten als Christ werden in der B ______ klar, manche indirekt beantwortet. Deshalb sollte der Gläubige die Anordnungen Gottes in der Schrift herausfinden, um nach den M ______ zu leben, die dem Herrn gefallen.

2. Zuerst sollte der Gläubige danach forschen, ob die B______ etwas darüber sagt. Ist es verboten? – Wenn ja, dann liegt der Fall ganz klar. Der Gläubige sollte nichts tun, was im Worte Gottes ausdrücklich verboten wird. Um den W______ Gottes klar herausfinden zu können, ist es wichtig, daß wir das W______ Gottes regelmäßig studieren.

3. Ein Christ sollte alles zur E______ und zur V______ Gottes tun.

4. Ein Gläubiger sollte a) die Aussagen der Schrift nicht allzu ernst nehmen; b) versuchen, den Weg der Nachfolge zu erleichtern; c) nichts tun, worüber er sich beim Kommen des Herrn schämen müßte; d) sich fragen, was der Herr dazu sagt, c) a und b treffen zu; f) c und d treffen zu. ______

5. Richtig (R) und falsch (F)?
   a) Ein Christ sollte alles zur Ehre und zur Verherrlichung Gottes tun. ______
   b) Jeder, der die Bibel sorgfältig liest, wird erkennen, daß die Menschen nur das tun, was mit der Bibel übereinstimmt. ______
   c) Wertmaßstäbe sind notwendig, um zu entscheiden, ob wir gewisse fragliche Dinge tun können oder lassen sollten. ______
   d) Da Christus Gott, der Sohn ist, können wir es nicht wagen, ihn als Vorbild zu betrachten, dem alle folgen sollten. ______
   e) Der Leib des Christen ist ein Tempel des Heiligen Geistes. ______
   f) Obwohl die Wiederkunft des Herrn eine unumstößliche Tatsache ist, braucht das keinen Einfluß auf unser tägliches Verhalten als Christen zu haben. ______

6. Ein Christ, der sündigt, verunehrt den Namen G______. Sein schlechtes Verhalten kann dazu führen, daß Ungläubige noch mehr in die S_____ hineingezogen werden und daß andere Kinder Gottes straucheln und zu F______ kommen können.

7. Die Bibel lehrt eindeutig, daß alles, was nicht aus Glauben geschieht, Sünde ist. Wenn wir bei bestimmten Dingen Zweifel über deren Richtigkeit haben und sie dann doch tun, so geschieht es nicht aus G______. In Gottes Augen ist das S______.

8. Der Christ wird vor Gott R______ ablegen müssen, wie er seine Z______ und sein G______ gebraucht. Da wir nach der Schrift »in bösen Tagen« leben, sollten wir den besten Gebrauch von unserer Z______ machen und unser G______ zur Verherrlichung Gottes und zum Segen für andere verwenden.

9. Der Gläubige sollte alles ablegen, was ihn in der Kampfbahn des Glaubens behindert. Viele Dinge sind an und für sich keine Sünde, sie behindern ihn aber in seinem geistlichen Wachstum. Zuviel Zeit mit Sport zu verbringen und übermäßig ehrgeizig zu sein ist a) Sünde; b) charakterbildend; c) eine Behinderung in unserem Glaubensleben; d) eine gute Übung für unser Glaubensleben.

10. Was gehört zusammen?

1. Christus	a) Ballast
2. Nicht aus Glauben	b) Sünde
3. Ein zeitraubendes Hobby	c) Vorbild des Christen

1. ________________ und ________________
2. ________________ und ________________
3. ________________ und ________________

Antworten zum Test zur Selbstkorrektur – Lektion 5

1. Bibel; Maßstäben.
2. Bibel; Willen; Wort.
3. Ehre; Verherrlichung.
4. f.
5. R; F; R; F; R; F.
6. Gottes; Sünde; Fall.
7. Glauben; Sünde.
8. Rechenschaft; Zeit 2x; Geld 2x.
9. c.
10. 1 u. c; 2 u. b; 3 u. a.

Die »Test«-Antworten bitte nicht an die Emmaus-Fernbibelschule einsenden.

Die biblische Taufe

Was bedeutet die biblische Taufe? Wer sollte getauft werden? Ehe der Herr Jesus in den Himmel zurückkehrte, gab er seinen Jüngern den Befehl: »Geht nun hin und macht alle Nationen zu Jüngern, und tauft diese auf den Namen des Vaters und des Sohnes und des Heiligen Geistes, und lehrt sie, alles zu bewahren, was ich euch geboten habe. Und siehe, ich bin bei euch alle Tage bis zur Vollendung des Zeitalters« (Matth. 28, 19. 20).
Es war also der Wunsch des Herrn, daß seine Jünger seine Botschaft universell »bis an die Enden der Erde« verkündigen und alle taufen sollten, die diese Botschaft annahmen – als äußere Bezeugung eines inneren Vorganges. Die Taufe ist eine Anordnung des Herrn Jesus. Dies läßt uns zwei Dinge fragen: Wie wird die Taufe durchgeführt, und was bedeutet die Taufe?
Apostelgeschichte 8, 26–39 ist ein Beispiel zur ersten Frage. Hier wird von einem Diener, dem Kämmerer und Schatzmeister, der Königin von Äthiopien berichtet, der mit seinem Wagen unterwegs war und dabei das 53. Kapitel des Propheten Jesaja las. Er war auf der Suche nach der Wahrheit, und Gott ließ ihn hier nicht allein. Er sandte Philippus zu ihm, der die Beschreibung des Leidensknechtes zum Anlaß nahm, um auf Jesus Christus hinzuweisen, der am Kreuz von Golgatha starb, um Sünder zu erretten. Sicher hat Philippus dabei von der Taufe gesprochen. Der Kämmerer nahm die Botschaft vom Kreuz im Glauben für sich persönlich an und bat um die Taufe ... »Was hindert mich, getauft zu werden? Und sie stiegen beide in das Wasser hinab, sowohl Philippus als der Kämmerer, und er taufte ihn. Als sie aber aus dem Wasser heraufgestiegen, entrückte der Geist des Herrn den Philippus; und der Kämmerer sah ihn nicht mehr, denn er zog seinen Weg mit Freuden« (Apg. 8, 37–39).
Was bedeutet diese Handlung, die vor so langer Zeit am Rand jener

Landstraße in so einfacher Weise durchgeführt wurde und noch bis heute vollzogen werden soll?

1. Die Taufe ist zunächst ein Akt des Gehorsams gegenüber dem Willen des Herrn Jesus (Matth. 28, 19). Ihr Zweck ist nicht die Reinigung von körperlicher Unreinigkeit oder die Vergebung der Sünde, sondern das äußere Bezeugen eines inneren Vorganges. Daher sollen nur solche, die gehört und geglaubt haben, getauft werden (Apg. 18, 8).
2. Die Taufe ist eine symbolhafte Handlung, ein Bild der durch den Glauben empfangenen Vergebung der Sünde. Die symbolische Bedeutung der Taufe ist in mehrfacher Hinsicht zu sehen:
   a) Wasser bedeutet Gericht und Tod, wie es in der Heiligen Schrift an verschiedenen Stellen zu lesen ist, am deutlichsten im Bericht über die Sintflut (1. Mose 7, 14–24; 9, 11).
   b) Wasser bedeutet Reinigung (4. Mose 19, 20; Epheser 5, 26).
   c) Taufe ist das Bild der Grablegung (Röm. 6, 4. 5). Der Christ nimmt durch den Glauben am stellvertretenden Tod Christi teil. Als Christus starb, starb auch der Christ. Als Christus begraben wurde, wurde auch er begraben. Als Christus aus dem Tod auferstand, ist auch der Christ auferstanden. Dies wird in der Taufe bildhaft vor der Umwelt bezeugt.
   d) Der Christ versinnbildlicht das Mitauferstandensein mit Jesus (Gal. 2, 20), wie schon unter c) angedeutet. Der Christ ist der Sünde, der Welt und seinem Eigenleben gestorben. Er ist allem gestorben, was er von Natur aus ist. Gott sieht ihn jetzt nicht mehr in seiner sündigen Art, sondern in Christus. In Christus ist er aus dem Tod auferstanden und besitzt das Auferstehungsleben des Herrn Jesus.
   e) Die Taufe ist ein öffentliches Bekenntnis. Wenn ein Christ getauft wird, bezeugt er öffentlich, daß er mit Christus gestorben, begraben und auferstanden ist. Er gehorcht den Worten des Herrn Jesus und bezeugt gleichzeitig das Begehren eines guten Gewissens vor Gott, d. h. nicht zu sündigen, sich der Sünde für tot zu halten, Gott aber lebend in Christus Jesus (1. Petr. 3, 20. 21). Der Täufling bekennt in der Taufe, daß er das neue Leben in Christus besitzt und es auch zeigen will (Kol. 2, 12; 3, 1. 2).

Noch heute ist die biblische Taufe in manchen Ländern der Anstoß

für grausame Verfolgungen. Oft läßt man einen Gläubigen so lange in Ruhe, solange er Christus nur mit den Lippen bekennt. Sobald er aber durch die Taufe öffentlich sein Einssein mit Christus bezeugt, wird er oftmals um seines Glaubens willen angegriffen.
Wie groß die Schwierigkeiten im einzelnen auch sein mögen, jeder auf Christus Getaufte darf, wie einst der Kämmerer aus Äthiopien, die Erfahrung machen: »Er zog seinen Weg mit Freuden« (Apg. 8, 39).
»Wenn ihr dies wißt, glückselig seid ihr, wenn ihr es tut« (Joh. 13, 17).

Test zur Selbstkorrektur – Lektion 6

Bitte die ausgelassenen oder angefangenen Wörter einsetzen, den Buchstaben der richtigen Antwort angeben oder, wenn es ein »Richtig/Falsch-Test« ist, »R« oder »F« einsetzen.

Die richtige Antwort finden Sie auf Seite 47

1. Warum sollte sich ein Christ taufen lassen? a) Um ein Mitglied einer Kirche oder Gemeinde zu werden; b) um seine Errettung zu festigen; c) um am Abendmahl teilnehmen zu können; d) um als Folge seiner Entscheidung für Jesus dem Herrn gehorsam zu sein. ______

2. Ein Christ, der dem Herrn gehorchen möchte, merkt bald, daß die Taufe innerhalb der christlichen Gemeinden auf verschiedene Art praktiziert wird. Um die richtige Antwort zu finden, sollte er das biblische Vorbild in A______ 8, 38 und 39 beachten. Daraus ersehen wir, daß Philippus und der Kämmerer in das W______ h______.

3. Wie viele andere Handlungen in der Bibel, so ist auch die Anordnung der Taufe ein Bild für tiefe, geistliche Wahrheiten. Das Wasser ist ein Sym-

bol des G______ und des T_____. Als Christus starb, stellte er sich unter die Wasser des G_____ und des T_____, um unsere S_____ hinwegzutun.

4. Christus starb s_____ für die Sünde des G______. Die Taufe ist ein öffentliches Bekenntnis. Sie versinnbildlicht, daß der Gläubige mit Christus g_____, b_____ und a _____ ist. Sie versinnbildlicht außerdem den Beginn eines n_____ L_____.

5. Richtig (R) oder falsch (F)?
   a. Der Herr möchte, daß alle Wiedergeborenen getauft werden. __________
   b. Weil uns die Bibel kein Beispiel der biblischen Taufe gibt, ist es unerheblich, wie man getauft wird. __________
   c. Ein Christ muß getauft werden, um in den Himmel zu kommen. __________
   d. Gott betrachtet den Gläubigen als mit Christus gestorben, begraben und auferstanden. __________
   e. Weil ein Christ mit Christus auferstanden ist, sollte er stets dem Verlangen seiner alten sündigen Natur nachgeben. __________

6. Die Taufe ist ein öffentliches Bekenntnis, daß sich der Gläubige mit dem T_____ und der A______ Christi einsgemacht hat, daß er ein neues L_____ besitzt und Christus in i_____ wohnt.

7. Die biblische Taufe a) wird durch Untertauchen in Wasser vollzogen. b) bezeugt das Begehren eines guten Gewissens, d. h. sich der Sünde für tot zu halten; c) ist ein Akt des Gehorsams. d) Alle Antworten sind richtig. __________

8. Sobald jemand durch die Taufe öffentlich

bezeugt, daß er C_____ angehört, muß er mit Schwierigkeiten und Spott rechnen. In manchen Ländern werden die Christen verachtet und manchmal sogar grausam v_____.

9. Was gehört zusammen?

1. Christus	a) Mit Christus gestorben, begraben und auferstanden
2. Der Christ	b) Stellvertreter der Gläubigen
3. Schriftgemäße Taufpraxis	c) Bild einer tiefen, geistlichen Wahrheit
4. Die biblische Taufe	d) Untertauchen in Wasser

1. ______________________ und ______________________
2. ______________________ und ______________________
3. ______________________ und ______________________
4. ______________________ und ______________________

Antworten zum Test zur Selbstkorrektur – Lektion 6

1. d.
2. Apostelgeschichte; Wasser; hinabgestiegen.
3. Gerichts 2x; Todes 2x; Sünde.
4. stellvertretend; Gläubigen; gestorben; begraben; auferstanden; neuen Lebens.
5. R; F; F; R; F.
6. Tod; Auferstehung; Leben; ihm.
7. d
8. Christus; verfolgt.
9. 1 u. b; 2 u. a; 3 u. d; 4 u. c.

Die »Test«-Antworten bitte nicht an die Emmaus-Fernbibelschule einsenden.

Wenn Sie den Stoff von Lektion 5 und 6 beherrschen, können Sie die 3. Prüfung ablegen (siehe Prüfungsteil) und zur Korrketur an uns einsenden.

Der Christ und die Gemeinde

Wie kann ein Christ wissen, welcher Gemeinde er sich anschließen soll? Ein Mensch wird im Augenblick seiner Bekehrung Glied der wahren Gemeinde Gottes. Diese Gemeinde besteht aus Menschen, die aufrichtig an den Herrn Jesus glauben, gleich welcher Kultur, Hautfarbe, Rasse oder Nation sie angehören mögen. Es sind alle wiedergeborenen Menschen der ganzen Erde in der gegenwärtigen Heilszeit.

In Matthäus 18, 20 gab Christus die Verheißung: »Denn wo zwei oder drei versammelt sind in meinem Namen, da bin ich in ihrer Mitte.« Deshalb sollen sich die Christen überall als Glieder der Gemeinde Gottes versammeln und gemeinsam die Aufgaben und Funktionen erfüllen, die ihnen in der Bibel gezeigt werden. Zuerst trafen sich die Gläubigen in ihren eigenen Häusern (Römer 16, 5; Philemon 2). Von ihnen lesen wir: »Sie verharrten aber in der Lehre der Apostel und in der Gemeinschaft, im Brechen des Brotes und in den Gebeten« (Apg. 2, 42).

Der Wille Gottes ist, daß sich seine Kinder regelmäßig als Glieder seiner Gemeinde versammeln. In Hebräer 10, 25 lesen wir die Ermahnung, »unser Zusammenkommen nicht zu versäumen, wie es bei etlichen Sitte ist«. Darüber hinaus weisen verschiedene Abschnitte des Neuen Testaments darauf hin, welches Vorrecht und welche Verantwortung der Gläubige als Glied am Leibe Christi hat (1. Kor., Kapitel 12). Für einen Neubekehrten wird diese Entscheidung oft zum Problem, welcher Gemeinde er sich anschließen soll. Es gibt viele verschiedene Gemeinden und Gruppen von Christen und manchmal leider auch große Unterschiede in der Lehre. Folgendes soll deshalb dem jungen Christen helfen, hier richtig zu entscheiden. Zunächst ist es wichtig, diese Frage zum ernsten Gebetsanliegen zu machen, um den Willen Gottes klar zu erkennen. Denn unser Verständnis und unsere Beurteilung der Gemeinde Gottes muß sich ganz auf das Wort Gottes gründen. Menschliche Traditionen und Überlieferungen sollten daher ebenfalls anhand der Bibel betrachtet und geprüft werden. Lesen Sie dazu Epheser 2, 20.

1. Vergewissern Sie sich, daß die Gemeinde, der Sie sich anschließen wollen, die Bibel als inspiriertes und unfehlbares Wort Gottes anerkennt und sich in allem der Heiligen Schrift als der obersten Autorität unterstellt. Es genügt nicht, zu sagen, die Bibel enthält Gottes Wort, sondern sie *ist* Gottes Wort und von daher absolut wahr. Der Herr hat uns seinen Willen in seinem Wort geoffenbart und fordert daher von uns ihm gegenüber unseren Glauben und Gehorsam (2. Tim. 3, 16–17).
2. Vergewissern Sie sich, daß die Gemeinde sich eindeutig zur Sohnschaft und Gottheit Jesu Christi bekennt. Es ist nicht genug, ihn als großen Religionsführer und menschliches Vorbild zu betrachten, selbst das Wort »göttlich« für seine Charakterisierung genügt nicht. An der Tatsache seiner Gottheit dürfen keine Abstriche gemacht werden (Kol. 2, 9). Daß Jesus Christus wahrhaftiger Mensch ist, sagt die Bibel auch. Es ist ein Geheimnis: Gott geoffenbart im Fleisch (1. Tim. 3, 16).
3. Achten Sie auf die Lehre der Gemeinde in bezug auf das Werk des Herrn. Die Bibel lehrt, daß der Herr Jesus ein sündloses Leben führte, am Kreuz von Golgatha freiwillig für unsere Sünden starb, begraben wurde, auferstand und zum Himmel fuhr, wo er nun zur Rechten der Majestät Gottes sitzt (1. Kor. 15, 1–4; 1. Petr. 3, 22). Die Gotteskindschaft empfängt man ausschließlich durch den Glauben an Jesus Christus, ohne Werke oder sonstige menschliche Verdienste (Gal. 1, 6–9; Eph. 2, 8. 9). Achten Sie darauf, was über das Blut Jesu gelehrt wird, denn ohne Blutvergießen gibt es keine Vergebung der Sünden (Hebr. 9, 22).

Neben diesen drei wichtigsten Punkten sollten Sie sich ebenfalls vergewissern, ob die Gemeinde in der Funktion des Leibes Christi, folgende Grundsätze beachtet:

1. Der Herr Jesus ist das Haupt der Gemeinde (Kol. 1, 18. 19; Eph. 1, 22–23); er leitet sie selbst. Die Leitung darf von keinem Menschen beansprucht werden. Wo Christus als das Haupt anerkannt wird, wird die Gemeinde zu ihm aufschauen und allein von ihm Führung und Leitung erwarten.

2. Alle wiedergeborenen Menschen sind Glieder des Leibes Christi (1. Kor. 12, 12. 13). Deshalb sollten alle, die durch den Glauben an Jesus Christus im Kindschaftsverhältnis zu Gott, dem Vater, stehen, auch in die Gemeinschaft der Gemeinde aufgenommen werden. »Sie verharrten aber in der Lehre der Apostel und in der Gemeinschaft, im Brechen des Brotes und in den Gebeten« (Apg. 2, 42). Nicht aufgenommen werden sollen Christen, deren Lehre im Gegensatz zu den Grundsätzen der Bibel steht (2. Joh. 10) oder die bewußt in Sünde leben (1. Kor. 5, 13). Diese sollten solange von der Gemeinschaft ausgeschlossen bleiben, bis sie ihre Sünde bereut und vor Gott, wenn notwendig vor Menschen, wieder in Ordnung gebracht haben.
3. Alle wiedergeborenen Menschen sind Priester Gottes (1. Petr. 2, 5. 9). Das Neue Testament kennt für die Gemeinde Gottes kein Priestertum in der Weise des Alten Testaments, nach der nur ein Stamm und daraus nur eine Familie in Israel Priester sein konnte. In der neutestamentlichen Gemeinde dürfen alle Kinder Gottes in die Gegenwart Gottes treten, um ihn zu loben, ihm zu danken und ihn anzubeten. Alle Glieder sollen »Studierende« des Wortes Gottes sein, sollen andere hinzugewinnen und eifrig im Dienst für den Herrn sein. So ist es wohl in der Gemeinde Gottes im Anfang gewesen.
4. Die Autorität des Heiligen Geistes muß anerkannt werden. Ob es um Anbetung, um Wortverkündigung oder um Fragen der Zucht geht, in allem sollte volle Freiheit für die Leitung des Heiligen Geistes bestehen. Die Führung und Autorität des Heiligen Geistes darf nicht durch von Menschen erdachte Form oder durch eine funktionierende Organisation ersetzt oder eingeengt werden (2. Kor. 3, 17; Eph. 4, 3; Apg. 13, 2).

Der Heilige Geist benutzt den Menschen, um die verschiedensten Dienste durchzuführen. Dazu rüstet er sie aus mit der nötigen geistlichen Gabe und Kraft.

Kurz zusammengefaßt: Ein Kind Gottes sollte mit Menschen Gemeinschaft haben, die die Bibel als ihre einzige Richtschnur anerkennen, die in bezug auf die Person und das Werk des Herrn Jesus eine gesunde Lehre haben und die in bezug auf die Gemeinde und ihre Aufgaben bestrebt sind, in allem die Lehre des Neuen Testaments zu befolgen.

Test zur Selbstkorrektur – Lektion 7

Bitte die ausgelassenen oder angefangenen Wörter einsetzen, den Buchstaben der richtigen Antwort angeben oder, wenn es ein »Richtig-Falsch-Test« ist, »R« oder »F« einsetzen.

Die richtige Antwort finden Sie auf Seite 54

1. Man wird ein Glied der Gemeinde Gottes, wenn man a) getauft wird; b) konfirmiert wird; c) Christus als seinen Erretter annimmt; d) zum erstenmal am Abendmahl teilnimmt. ________

2. Obwohl die Gemeinde Gottes weltweit ist, können sich ihre Glieder doch örtlich nach biblischem Beispiel versammeln. Dies kann in einem Privathaus oder in einem öffentlichen Gebäude geschehen. Das Wichtigste an den Zusammenkünften der Gläubigen ist, a) daß sie in einem schönen Gebäude zusammenkommen; b) daß man sich in der Gemeinde wohlfühlen kann; c) daß sie das praktizieren, was die Bibel lehrt; d) daß ihr Versammlungsraum dem Herrn geweiht worden ist. ________

3. Die Gläubigen werden in Hebräer 10 ermahnt, das Z ______ nicht zu versäumen, sondern einander ermuntern, und das um so mehr, je mehr das Wiederkommen des Herrn naht. Viele verbindliche B ______ sagen, welche Ordnung die Gemeinde hat.

4. Es gibt heute viele verschiedene Gruppen von Christen, deren Lehren und Gottesdienste sich oft beträchtlich unterscheiden. Alle inneren und äußeren Angelegenheiten, Traditionen und Gewohnheiten müssen daher anhand der Heiligen Schrift g ______ werden.

5. Der Gläubige sollte sich nur einer Gemeinde anschließen, die a) sich so weit wie möglich an der Bibel zu orientieren versucht; b) die Bibel als das inspirierte, unfehlbare Wort Gottes anerkennt; c) weitherzig und tolerant dem gegenüber ist, was über die Person und das Werk Christi gelehrt wird; d) sich zur Gottheit Jesu Christi bekennt; e) a und c treffen zu; f) b und d treffen zu. ______

6. Was gehört zusammen?

1. Die wahre Gemeinde Gottes	a) regelmäßige Gemeinschaft pflegen mit Kindern Gottes
2. Der Christ	b) wiedergeborene Menschen auf der ganzen Erde
3. Christus	c) Richtschnur und Autorität
4. Die Bibel	d) ewiger Sohn Gottes, wahrer Gott

1. ______ und ______
2. ______ und ______
3. ______ und ______
4. ______ und ______

7. Christus ist das H ______ der Gemeinde Gottes, alle Kinder Gottes sind Glieder seines L______.

8. Alle Gläubigen sind ohne Ausnahme Priester Gottes. Das Kennzeichen eines wahren Priesters Gottes in der Gemeinde ist, a) daß er besondere Kleidung trägt; b) daß er wiedergeboren ist; c) daß er eine theologische Hochschule oder ein Priesterseminar besucht hat; d) daß er von einer offiziellen Kirchenbehörde in sein Amt eingesetzt worden ist. ______

9. Eine Gemeinde, die auf biblischen Boden stehen möchte, a) läßt sich vom Heiligen Geist leiten und regieren; b) erkennt Christus als ihr Haupt

an; c) hält an der Gottessohnschaft Jesu Christi fest; d) erkennt die Bibel als das unfehlbare Wort Gottes an; e) alle Antworten sind richtig. ________

10. Richtig (R) oder falsch (F)?
    1. Alle Gläubigen, d. h. wiedergeborene Menschen, sind Glieder des Leibes Christi. ________
    2. Jeder junge Christ merkt schon bald, daß fast in allen Kirchen und Gemeinden der Gottesdienst und alle missionarischen Dienste ausschließlich vom Heiligen Geist geleitet werden. ________
    3. In der Gemeinde Gottes sind nur die Priester, die nach einem langjährigen Theologiestudium dazu ordiniert worden sind. ________
    4. Wer sich einer Gemeinde anschließt, muß unbedingt wissen, was dort über die Person und über das Werk Jesu Christi gelehrt wird. ________
    5. Geistlich gesinnten Christen ist es gleichgültig, ob sie mit anderen Christen Gemeinschaft haben oder nicht. ________

Antworten zum Test zur Selbstkorrektur – Lektion 7

1. c.
2. c.
3. Zusammenkommen; Bibelstellen.
4. geprüft;
5. f.
6. 1 und b; 2 und a; 3 und d; 4 und c.
7. Haupt; Leibes.
8. b.
9. e.
10. R; F; F; R; F.

Die »Test«-Antworten bitte nicht an die Emmaus-Fernbibelschule einsenden.

Gottes Wille für mein Leben

Wie kann ein Christ den Willen Gottes für sein Leben erkennen? Das ist ein sehr wichtiger Punkt. Solange wir nicht bemüht sind, Gottes Absichten und Plan für unser Leben zu erfahren, stehen wir in der Gefahr, es zu vergeuden. Wir werden dann am Ende das »Wohl-getan« unseres Herrn nicht hören.

Die Bibel sagt, daß Gott seinen Willen denen offenbart, die sanftmütig sind (Ps. 25, 9), die ihn auf allen ihren Wegen erkennen (Spr. 3, 5. 6; Röm. 12, 1), die sich dieser Welt nicht gleichstellen (Röm. 12, 2), sondern aufrichtig Gottes Willen zu tun wünschen (Matth. 6, 22; Joh. 7, 17).

Um Ihr Leben heute und in Zukunft unter die Herrschaft Christi und Leitung des Heiligen Geistes zu stellen, schlagen wir fünf Schritte vor: Totale Übergabe Ihres Lebens, Sündenbekenntnis, Bibelstudium, Gebet, Warten auf seine Führung.

1. Übergabe

Damit ist gemeint, Ihr ganzes Leben dem Herrn auszuliefern (Spr. 23, 26), sich nicht mehr von eigenen Hoffnungen, Wünschen und persönlichem Ehrgeiz bestimmen zu lassen, sondern von dem Verlangen, ganz Gottes Willen zu tun (Ps. 139, 23. 24). Paulus drückte diese Bereitschaft mit den Worten aus: »Herr, was soll ich tun?« (Apg. 22, 10). Jesaja rief aus: »Hier bin ich, sende mich« (Jes. 6, 8), und von Amasja lesen wir, daß »er sich freiwillig in den Dienst des Herrn gestellt hatte« (2. Chron. 17, 16).

Der Herr Jesus sagte zu seinen Jüngern: »Ich bin der Weinstock, ihr seid die Reben. Wer in mir bleibt und ich in ihm, der bringt viel Frucht, denn getrennt von mir könnt ihr nichts tun« (Joh. 15, 5). Wir müssen uns allein auf seine Kraft stützen (Jer. 10, 23).

2. Sündenbekenntnis

Wenn Sie rückhaltlos Gottes Willen tun möchten, müssen Sie mit jeder offenen und geheimen Sünde brechen, sie bekennen und lassen (Ps. 32, 5; Spr. 28, 13). Denken Sie an die Worte des Psalmisten: »Wenn ich es in meinem Herzen auf Frevel abgesehen hätte, so würde der Herr nicht hören« (Ps. 66, 18).

3. Bibelstudium

Nehmen Sie sich viel Zeit, um Gottes Wort zu studieren. Lesen Sie es betend mit dem Wunsch, daß Gott durch sein Wort zu Ihnen rede. Lesen Sie es mit Sorgfalt und innerer Erwartung (Ps. 143, 8. 10). Und nehmen Sie sich vor allem vor, das Gelernte, im täglichen Leben in die Praxis umzusetzen.

4. Gebet

Gebet bedeutet ganz einfach, daß Sie dem Herrn regelmäßig Ihre Anliegen bringen. In Ihren Gebeten dürfen Sie Gott, den Herrn, anbeten, ihm danksagen, für andere beten und die eigenen Bitten vorbringen. Der Herr möchte, daß Sie im Glauben beten, daß Sie seinen Verheißungen vertrauen und sie für sich in Anspruch nehmen. Glaubend dürfen Sie sich seiner Führung anvertrauen. Das höchste Ziel Ihrer Gebete sollte stets die Verherrlichung Gottes sein (Kol. 1, 9. 10; 4, 12).

5. Warten auf seine Führung

Wenn Gott nicht sofort seinen Willen zeigt, sollten Sie geduldig warten (Ps. 62, 6). Haben Sie in irgendeiner Sache um Weisung gebeten und noch keine bestimmte Antwort erhalten, ist es Gottes Wille für Sie, da zu bleiben, wo Sie jetzt sind. Wenn Sie dem Herrn von ganzem Herzen vertrauen, werden Sie nicht ungeduldig sein. »Wer glaubt, wird nicht ängstlich eilen« (Jes. 28, 16).

Gott hat manche Mittel, um seinen Willen zu zeigen:

a) *Durch die Bibel*
Für einige Fälle sagt die Bibel ganz konkret, was falsch und was richtig ist. Sie fordert z. B. eine klare Trennung zwischen Gläubigen und Ungläubigen. Wenn ein gläubiger Mann ein ungläubiges Mädchen heiraten möchte, lautet die Antwort unmißverständlich: Nein! (2. Kor. 6, 14).
Es gibt aber auch Bibelstellen, die zu ganz bestimmten Handlungen auffordern. Ein Vers, der Ihnen vorher nie aufgefallen ist, wird Ihnen plötzlich wichtig. Dieser Vers beantwortet Ihre Frage gerade zu dem Zeitpunkt, an dem Sie um Gottes Führung gebetet haben (Ps. 119, 105).

b) *Durch andere Gläubige*
Oft erfährt man den Willen Gottes durch den Rat eines reifen Christen. Auf Grund seiner Glaubenserfahrungen kann er jungen Christen helfen und sie vor falschem Handeln bewahren (Hebr. 13, 7. 17).

c) *Durch besondere Umstände*
Der allmächtige Gott, der das ganze Universum regiert, kann auch die äußeren Umstände Ihres Lebens so lenken, daß Sie dadurch seinen Willen erkennen. So kann zum Beispiel ein Brief mit entscheidenden Informationen Ihren Weg beeinflussen.

d) *Durch den Heiligen Geist*
Der Geist Gottes will Ihren Willen, Ihre Wünsche und Neigungen so beeinflussen, daß Sie Gottes Willen erkennen. Die Bestätigung für eine richtige Entscheidung ist der Friede Gottes, der in Ihrem Herzen wirkt (Kol. 3, 15), und zwar so deutlich, daß Sie sich freuen, auf dem richtigen Weg zu sein, und sich scheuen, einen anderen Weg zu gehen.
Ein Christ sollte nicht versuchen, eigenwillige Pläne durchzusetzen. Die Bibel sagt, er wird »in Schmerzen liegen«, falls er dies tut (Jes. 50, 11).
Und noch ein Wort: Wenn Gott Ihnen Licht gibt, wandeln Sie darin (Apg. 26, 19). Seien Sie nicht wie ein Roß und ein Maultier, die man

mit Zaum und Zügel gewaltsam lenken muß (Ps. 32, 9). Es ist weitaus besser, durch das Auge Gottes, des Vaters, geleitet zu werden als durch Züchtigungen. Gehorchen Sie der Führung des Herrn Tag für Tag. Er wird Ihnen mehr und mehr Licht für den vor Ihnen liegenden Weg geben. Sind Sie in Ihrem täglichen Leben treu und gehorsam, dürfen Sie auch in wichtigen Entscheidungen der Führung und Hilfe Gottes gewiß sein.
Denken Sie immer daran: Gehorsam ist die Grundlage eines glücklichen, erfüllten und gesegneten Lebens.

Test zur Selbstkorrektur – Lektion 8

Bitte die ausgelassenen oder angefangenen Wörter einsetzen, den Buchstaben der richtigen Antwort angeben oder, wenn es ein »Richtig/Falsch-Test« ist, »R« oder »F« einsetzen.

Dir richtige Antwort finden Sie auf Seite 61

1. Die Bibel lehrt, daß Gott denen seinen Willen offenbart, die den W______ seines Wortes folgen. Haben wir seinen W______ erfahren, müssen wir ihm auch g______, um ein Leben führen zu können, das Gott gefällt.

2. Ein Christ, der sein Leben dem Herrn ausliefert, übergibt ihm auch seine W______ und V______. Bereitwillig vertraut er sich dem Herrn und seiner Führung an.

3. Alle S______, auch die verborgenen, müssen bekannt und a______ werden.

4. Gebet sollte a) regelmäßig sein; b) dazu führen, den Willen Gottes kennenzulernen; c) zu Weisheit und geistlichem Wachstum verhelfen; d) bei der Entscheidung helfen, ob wir dem Wort Gottes gehorchen sollen oder nicht; e) alle Antworten sind richtig; f) a; b und c sind richtig. ______

5. Gottes Wille und Anweisungen erfahren wir in seinem W______. Um diese Anweisungen von Gott zu erhalten, brauchen wir täglich eine »stille Zeit«, in der wir das Wort Gottes langsam und andächtig lesen und in der Erwartung sind, daß der Herr zu uns r______.

6. Wenn ein Christ in enger Gemeinschaft mit dem Herrn lebt und trotzdem nicht sofort Antwort auf seine Gebete erhält, sollte er a) sofort eine Antwort verlangen; b) annehmen, daß der Herr ihn dieses Mal nicht gehört hat; c) geduldig weiterbeten; d) aufhören zu beten. ________

7. Was gehört zusammen?

1. Totale Übergabe	a) aufmerksam und erwartend
2. Warten	b) Offene und verborgene Sünden
3. Bekennen	c) eigene Wünsche und Vorstellungen dem Herrn ausliefern
4. Beten	d) geduldig weiterbeten
5. Lernen	e) Führung und Wegweisung

1. ______________________ und ______________________
2. ______________________ und ______________________
3. ______________________ und ______________________
4. ______________________ und ______________________
5. ______________________ und ______________________

8. Gottes Wort leitet uns zu gewissen Schritten an, andere Handlungen v______ es ganz klar. Gottes Wort ist wie ein Licht auf unserem Weg, das uns den richtigen Weg zeigt und uns vor dem Stolpern und Straucheln bewahrt. Sagt nun die Bibel: »Du sollst nicht begehren«, wisssen wir, was wir zu tun haben. Und wenn sie fernerhin sagt: »Trachtet z______ nach dem Reich Gottes«, so sollten wir das beherzigen.

9. Gott leitet uns auch durch geistlich gesinnte C______ und durch besondere U______. Ein junger Christ kann in einer gefährlichen Versuchung bewahrt werden, wenn er auf den R____ erfahrener Christen hört oder die besonderen Umstände sorgfältig im Licht des Wortes Gottes prüft.

10. Anstatt zu versuchen, eigenwillig seine Pläne durchzusetzen, sollte der Gläubige für die Leitung des H______ G______ offen sein und nur dann handeln, wenn er sich von ihm geleitet weiß. Leben wir täglich im G______ und inniger G______ mit dem Herrn, dürfen wir erwarten, daß der Heilige Geist uns immer mehr Licht und Erkenntnis über eine bestimmte Sache schenkt. Folgen wir aber unseren eigenen Plänen, werden wir nur E______ erleben.

11. Richtig (R) oder (F)?
   a. Die besonderen Umstände um uns her sind für Gott viel zu unbedeutend, um uns durch sie zu leiten. ______
   b. Das Wort Gottes sagt uns nur, was wir nicht tun sollen, aber überläßt es uns ganz, was wir tun wollen. ______
   c. Offene und verborgene Sünden müssen sofort bekannt und aufgegeben werden. ______
   d. Für einen Christen sollte es selbstverständlich sein, sich vom Heiligen Geist leiten und führen zu lassen. ______
   e. Da Gott alle Gewalt hat, beantwortet er alle unsere Gebete innerhalb kürzester Zeit. ______

Antworten zum Test zur Selbstkorrektur – Lektion 8

1. Weisungen; Willen; gehorchen.
2. Wünsche; Vorstellungen.
3. Sünden; aufgegeben.
4. f.
5. Wort; redet.
6. c.
7. 1 u. c; 2 u. d; 3 u. b; 4 u. e; 5 u. a.
8. verbietet (verurteilt); zuerst.
9. Christen; Umstände; Rat.
10. Heiligen Geistes; Gehorsam; Gemeinschaft; Enttäuschungen.
11. F; F; R; R; F.

Die »Test« -Antworten bitte nicht an die Emmaus-Fernbibelschule einsenden.

Wenn Sie den Stoff von Lektion 7 und 8 beherrschen, können Sie die 4. Prüfung ablegen (siehe Prüfungsteil) und zur Korrektur an uns einsenden.

Der Christ und das Gebet

Was sagt die Bibel über das Gebet? Ohne Gebet gibt es kein wahres Christentum. Ohne Gebet kann es in der Nachfolge Jesu auf keinem Gebiet Fortschritte geben. Was lehrt die Bibel über dieses Thema? Die nachfolgenden Ausführungen geben auf einige grundlegende Fragen Antwort:

1. Warum beten?

Die Bibel fordert Sie dazu auf (1. Tim. 2, 8). Der Herr Jesus war ein Mann des Gebets. Wenn selbst der Sohn Gottes diese Notwendigkeit verspürte, wieviel mehr sollten wir es dann für nötig erachten (1. Thess. 5, 17. 18; Eph. 6, 18).

2. Wie oft beten?

Sie sollten jeden Tag zu bestimmten Zeiten beten.
Es ist gut, gleich beim Erwachen am Morgen und am Abend vor dem Zubettgehen mit Gott zu reden. Tagsüber sollten Sie ständig im Kontakt mit dem Herrn sein, vor allem dann, wenn besondere Probleme auf Sie zukommen, wenn Sie irgendwie Hilfe benötigen oder wenn Sie ihm für etwas zu danken haben. Für den Gläubigen sollte es selbstverständlich sein, dem Herrn für das Essen zu danken, sei es zu Hause oder in der Öffentlichkeit.

3. In welcher äußeren Haltung beten?

Daniel kniete nieder, als er betete (Dan. 6, 11). Auch der Herr Jesus kniete (Luk. 22, 41). Nehemia dagegen betete, als er vor dem König stand (Neh. 2, 4). Im allgemeinen betet der Christ zu Hause kniend. Sie dürfen aber auch dann zu Gott beten, wenn Sie unterwegs sind oder Ihrer täglichen Beschäftigung nachgehen. Gott ist allgegenwärtig. Er hört uns, ganz gleich wo und in welcher Lage wir uns befinden.

4. Wofür beten?

Einige Bibelstellen geben darauf Antwort: Philipper 4, 6; 1. Timotheus 2, 1–3 und Matthäus 9, 38. Jedes kleine und große Anliegen dürfen Sie dem Herrn nennen. Ihm ist kein Gebet zu gering und kein Gebetsanliegen zu schwierig. Viele Gläubige finden es hilfreich, sich eine Gebetsliste anzulegen, auf der sie ihre Bitten und Anliegen notieren, zum Beispiel:

a) Die Namen von Verwandten oder Freunden, daß sie gerettet werden.
b) Die Namen von Kranken oder von sonst Notleidenden Menschen, daß der Herr ihnen helfe und sie nicht mutlos werden.
c) Die Namen von Missionaren, Evangelisten, Lehrern und anderen Gläubigen, die im Dienst des Herrn stehen, daß der Herr ihren Dienst segne.

Sie sollten dabei Ihre Anliegen immer konkret beim Namen nennen. Nur so können Sie erfahren, ob diese Bitten tatsächlich erhört worden sind.

5. Voraussetzungen für Gebetserhörungen

a) In Christus bleiben (Joh. 15, 7). In Christus bleiben heißt, seine Gebote zu halten (1. Joh. 3, 22).
b) In Übereinstimmung mit dem Willen Gottes beten (1. Joh. 5, 14). Gott erhört alle die Gebete, die nach seinem Willen sind und nicht aus einem selbstsüchtigen Herzen kommen. Gottes Wille ist, ihn zu verherrlichen. Aufgrund der Verheißungen Gottes sollten Sie im Glauben und ohne Zweifel beten.

6. Gefahren beim Gebet

a) Beten Sie nicht, um auf andere Eindruck zu machen (Matth. 6, 5. 6).
b) Bitten Sie Gott nicht, etwas zu tun, was Sie selbst tun können.
c) Bitten Sie nicht um Dinge, von denen Sie genau wissen, daß Sie Ihr geistliches Leben gefährden können.
d) Plappern Sie nicht, wenn Sie beten, d. h. beten Sie nicht gedankenlos (Matth. 6, 7).

7. Weitere Vorschläge

a) Wenn Sie merken, daß Sie beim Beten unkonzentriert sind, sollten Sie laut beten. Das trägt zur Konzentration bei.
b) Lassen Sie sich nicht entmutigen, wenn Ihr Gebet nicht sofort erhört wird. Gottes Antworten kommen nie zu früh, damit wir auch die Segnungen des Wartens und des Harrens erfahren. Sie kommen aber auch nie zu spät, so daß wir denken müßten, wir hätten ihm umsonst vertraut.
c) Entspricht Gottes Antwort nicht genau dem, was Sie sich erbeten haben, dann denken Sie an eins: Gott behält sich jederzeit das Recht vor, Ihnen etwas Besseres zu schenken, als Sie erbeten haben. Sie wissen nicht, was das Beste für Sie ist. Doch er weiß es und gibt Ihnen mehr, als sie je erbitten und erdenken können (2. Kor. 12, 8. 9).

Test zur Selbstkorrektur – Lektion 9

Bitte die ausgelassenen oder angefangenen Worter einsetzen, den Buchstaben der richtigen Antwort angeben oder, wenn es ein »Richtig/Falsch-Test« ist, »R« oder »F« einsetzen.

Die richtige Antwort finden Sie auf Seite 67

1. Das Gebet ist ein wesentliches Element eines wahren Christenlebens. Es ist von großer Wich-

tigkeit für das geistliche Wachstum eines Christen. Wir beten, weil die B______ uns auffordert, allezeit und in allen Lagen ohne Unterlaß zu beten. Der H______ J______ selbst ist für alle Zeiten das größte Vorbild für ein Gebetsleben.

2. Am besten ist es, jeden Tag r______, d. h. zu bestimmten festgesetzten Zeiten zu beten: morgens nach dem Aufstehen; abends vor dem Schlafengehen; vor den M______ aber auch immer wieder während des T______; besonders wenn Schwierigkeiten, Probleme und wichtige Entscheidungen auf uns zukommen.

3. Wir können zu Gott beten: a) knieend; b) stehend; c) sitzend; d) gehend; e) unterwegs; f) alle Antworten sind richtig in verschiedenen Umständen; g) a, b und c treffen zu. __________

4. Es gibt Dienste, die jeder tun kann, wie beten für Kranke, Alte, Hilflose und Menschen, die den Herrn Jesus noch nicht kennen. Wir können a) sie besuchen; b) sie zu einem Besuch oder öfters zum Mittagessen einladen; c) für sie beten; d) die Hände in den Schoß legen, denn es ist des Herrn Sache, ihnen zu helfen; e) a – c treffen zu. __________

5. Richtig (R) oder Falsch (F)?
   a. Christus fühlte nie die Notwendigkeit des Gebets. Er betete nur, um uns ein gutes Beispiel zu geben. __________
   b. Es ist zu empfehlen, täglich zu feststehenden Zeiten zu beten. __________
   c. Wegen der großen medizinischen Fortschritte, brauchen wir heute nicht mehr für unsere Kranken zu beten. __________

d. Wenn wir für konkrete Anliegen bitten, dürfen wir auch konkrete Antworten erwarten. ________

e. Kleine Anliegen unseres täglichen Lebens sind zu unbedeutend, um darüber zu beten. ________

6. Wenn wir sicher sein wollen, daß unsere Gebete erhört werden, müssen wir in C____ bleiben und ein L____ führen, das dem Herrn gefällt.

7. Unsere Gebete müssen mit dem geoffenbarten Willen Gottes in der B______ übereinstimmen und sollen im Namen J______ vorgebracht werden. Dabei ist es wichtig, daß unsere Motive rein und nicht egoistisch sind.

8. Wir sollten vermeiden a) uns durch das Gebet selbst darzustellen; b) Gott um etwas zu bitten, das wir selbst tun können; c) um etwas zu bitten, was uns geistlich schaden würde; d) alle Antworten treffen zu; e) a und c sind richtig. ________

9. Manche Religionen lehren, daß dauerndes Wiederholen eines Gebets Erhörung bringen. Die Bibel ermahnt uns, wenige, doch bedeutungsvolle W______ zu gebrauchen. Nichtssagende Gebete sollten wir vermeiden, vielmehr gezielt und konkret unsere Anliegen vor Gott kundwerden lassen. Der Herr erhört aufrichtige und ernsthafte Gebete.

10. Manchmal erhalten wir nicht sofort eine Antwort auf unsere Gebete und müssen w____. Ein anderes Mal fällt die Antwort vielleicht ganz a____ aus, als wir erwartet haben. In allen Fällen dürfen wir wissen, daß die G___ Gottes für alle Bedürfnisse ausreicht.

Antworten zum Test zur Selbstkorrektur – Lektion 9

1. Bibel; Herr Jesus.
2. regelmäßig; Mahlzeiten; Tage.
3. f.
4. e.
5. F; R; F; R; F.
6. Christus; Leben.
7. Bibel; Jesu.
8. d.
9. Worte.
10. warten; anders; Gnade.

Die »Test«-Antworten bitte nicht an die Emmaus-Fernbibelschule einsenden.

Ich will euch zu Menschenfischern machen

Wie kann ein Christ Menschen zu Christus führen? Menschen für Christus zu gewinnen, ist eine der wichtigsten und frohmachendsten Aufgaben unserer Zeit. »Der Weise gewinnt Seelen« (Spr. 11, 30). Obwohl es für die persönliche Evangelisation keine festen Regeln gibt, die einen schnellen Erfolg garantieren, sollten Sie einige allgemeine Grundsätze beachten:

1. Die wichtigste Voraussetzung ist die, daß Sie ein überzeugter Christ sind. Wenn Sie andere zu Christus führen wollen, müssen Sie im Wort Gottes »leben«. Das Wort Gottes sollte Ihnen vertraut sein. Beten Sie konkret für Menschen in Ihrer Umgebung. Beten Sie regelmäßig um deren Errettung, damit der Heilige Geist an diesen Menschen wirken kann. Ihr Leben sollte dem Herrn ausgeliefert sein. Es ist der Wille Gottes, daß Sie in der ständigen Reinigung und somit als »Brief Christi« leben. Schöne Worte nützen nichts, wenn das Leben nicht dahintersteht. Das Prinzip lautet: »Lebe in enger Gemeinschaft mit dem Herrn!« (Matth. 4, 19).
2. Bitten Sie den Herrn in Ihrer täglichen Stillen Zeit, daß er Sie mit Menschen zusammenführt, die ihn suchen und sich nach ihm sehnen. Wenn Sie sich vom Herrn führen lassen, wird er Ihnen die Menschen zeigen, mit denen Sie über Jesus Christus sprechen sollen.
3. Möglichkeiten, die sich während des Tages oft von selbst ergeben, sollten Sie nutzen, um für den Herrn Zeugnis abzulegen. Wenn z. B. Kollegen den Namen unseres Herrn mißbrauchen und verunehren, ist das eine Gelegenheit, sie auf ihr Verhältnis zu Gott anzusprechen. Auch in den Tagesgesprächen werden oft religiöse Themen berührt, die Ihnen als Anknüpfungspunkt dienen können. Dies ist eine wunderbare Gelegenheit, von Christus und seinem Werk und der damit verbundenen

Hoffnung zu reden. Sie können auch selbst die Unterhaltung entsprechend lenken oder entsprechende Fragen stellen. Ihr Gesprächspartner wird dadurch gezwungen, über die Sinnlosigkeit eines Lebens ohne Christus nachzudenken.

4. Zitieren Sie so oft wie möglich, daß doch mit Maß, das Wort Gottes. Es ist ein lebendiges und wirkungsvolles Wort! (Hebr. 4, 12). Es hat die Kraft, Menschenseelen in einer Weise zu erreichen, wie Sie es mit Ihren eigenen Worten niemals tun könnten. Das Wort Gottes ist das Schwert des Geistes. Jeder Gläubige sollte diese stärkste aller geistlichen Waffen wirkungsvoll gebrauchen. Menschen, die nicht errettet sind, werden unter Umständen alles daransetzen, Sie davon abzuhalten, Bibelworte zu zitieren. Wenn der Geist Gottes Sie drängt, lassen Sie sich durch nichts davon abbringen.
5. Nach Möglichkeit gehen Sie jedem einzelnen nach, mit dem Sie in Kontakt gekommen sind. Nur wenige Menschen bekehren sich beim ersten Hören des Evangeliums; gewöhnlich müssen sie immer wieder angesprochen werden. Gewinnen Sie ihr Vertrauen, z. B. dadurch, daß Sie ihnen kleine Gefälligkeiten erweisen.
   Geben Sie gute evangelistische Schriften weiter und laden Sie freundlich zu Evangelisationen ein. Vor allem aber, beten Sie viel für die Angesprochenen. Lassen Sie sich nicht entmutigen, wenn einige Ihnen gegenüber gehässig werden. Widerstand ist oft ein Zeichen dafür, daß der Heilige Geist ihnen ihre Sünden zeigt. Es ist oft viel schwieriger, denen zu helfen, die völlig gleichgültig sind.
6. Niemals sollten Sie auf eine zu rasche Entscheidung drängen. Ein unwahres, erzwungenes Bekenntnis ist nicht nur wertlos, sondern auch Selbstbetrug und kann der Sache Christi eher schaden als nützen. Streuen Sie den Samen des Wortes Gottes aus. Gott wird das Wachstum schenken, denn er hat verheißen, daß sein Wort nicht leer zurückkommen wird.
7. Haben Sie Angst, mit anderen über den Herrn Jesus zu reden, so sagen Sie es ihm und bitten ihn, Ihnen die Kraft und den Mut zu schenken, ein Zeugnis von ihm abzulegen. Wenn Sie es wirklich wollen, wird er Ihnen auch dabei helfen.
8. Führen Sie ständig evangelistische Schriften mit sich. Geeignete

Traktate können Sie Menschen überreichen, denen Sie auf der Straße, in Straßenbahnen oder im Bus begegnen. In Restaurants können Sie sie mit dem Trinkgeld der Bedienung geben.

Persönliche Evangelisation wird reichlich belohnt.

1. Es ist eine unbeschreibliche Freude, einen Menschen zum Herrn zu führen (Luk. 15, 10).
2. Größer noch wird Ihre Freude im Himmel sein, wenn Sie dort jemanden treffen, der durch Sie zum Glauben kam.
3. Und wie unendlich groß wird erst Ihre Freude sein, wenn der Herr Jesus, der Herr der Herrlichkeit, sich vor allen versammelten himmlischen Heerscharen öffentlich zu Ihnen bekennen wird, um Ihres Zeugnisses willen (Matth. 10, 32).

Im Blick auf diese Tatsachen sollen wir ständig darum bitten, die verlorenen Menschen um uns her mit den Augen des Herrn Jesus zu sehen und sie so zu lieben, wie er sie liebt (Matth. 9, 36; 2. Kor. 5, 14).

Darum möge es unser ständiges Gebet sein:

Laß mein Herz von Trauer überrinnen
über Menschen in der Irre und zerstreut.
Liebevoll will Jesus sie gewinnen;
brauche mich, ich bin zum Dienst bereit!

Test zur Selbstkorrektur – Lektion 10

Bitte die ausgelassenen oder angefangenen Wörter einsetzen, den Buchstaben der richtigen Antwort angeben oder, wenn es ein »Richtig/Falsch-Test« ist, »R« oder »F« einsetzen.

Dir richtigen Antworten finden Sie auf Seite 74

1. Ein Christ, der Menschen für Jesus gewinnen möchte, muß sich ständig mit dem W______ Gottes beschäftigen, viel Zeit im G______ verbringen und in der ständigen R______ leben.

2. Ein Seelengewinner sollte sich bei seinem Zeugnis für den Herrn in erster Linie leiten lassen

a) von seiner Menschenkenntnis; b) von genauen Untersuchungen der Bevölkerungsstatistiken; c) von Vorschlägen erfahrener Christen; d) durch die enge Gemeinschaft mit Christus im Gebet. ________

3. Der Seelengewinner sollte jede Gelegenheit nutzen, um von C______ zu zeugen.
Oftmals ergeben sich tagsüber gute Gelegenheiten zu Gesprächen. Zitieren wir dabei möglichst oft das W______ G______.

4. Menschen, mit denen wir schon öfter über Jesus Christus redeten, sollten wir immer wieder nachgehen und ihnen durch unser L______ die Liebe Gottes zeigen. Vor allen Dingen sollten wir viel für sie b______ und uns nicht entmutigen lassen, wenn wir ihren W______ verspüren. In vielen Fällen ist das ein Zeichen, daß der Heilige Geist angefangen hat, sie von ihrem sündigen Zustand zu überzeugen.

5. Ein erzwungenes Bekenntnis ist a) wertlos und Selbstbetrug; b) oft die Folge einer zu schnell aufgedrängten Entscheidung; c) positiv zu bewerten, denn dadurch ist jemand dem Reich Gottes ganz nahe; d) a und b treffen zu e) alle Antworten sind richtig. ________

6. Was gehört zusammen?

1. Mit Menschen sprechen	a) leben
2. In einem Gespräch	b) wertlos
3. Erzwungenes Bekenntnis	c) Gelegenheiten suchen
4. Gebet	d) Bibelstellen zitieren
5. Reinigung	e) anhalten

1. ______________________ und ______________________
2. ______________________ und ______________________
3. ______________________ und ______________________

4. ______________________ und ______________________
5. ______________________ und ______________________

7. Fällt es Ihnen schwer, mit anderen über C______ zu reden, dann sollten Sie den Herrn b______, daß er Ihnen den Mut und die Kraft dazu schenkt.

8. Freude wird im Himmel sein über einen S______, der Buße tut. Es ist auch für uns eine nicht zu beschreibende F______, wenn wir, von der L______ Christi getrieben, anderen vom Heiland erzählen und sie zu ihm führen. Jeder, der den Herrn Jesus vor den Menschen bekennt, den b______ auch er vor seinem himmlischen V______. Das sollte uns eine große Ermunterung und ein Ansporn sein, unsere Zeit auszukaufen.

9. Traktate und evangelistische Literatur sollte man deshalb bei sich führen, weil a) sie ohne große Schwierigkeiten und ohne Gebet verteilt werden können; b) man dadurch das Trinkgeld sparen kann; c) es eine weitere Möglichkeit ist, Menschen mit dem Evangelium zu erreichen; d) alle Antworten sind richtig. ______

10. Richtig (R) oder (F)?
   a. Von Christus zu zeugen, ist das Vorrecht jedes Christen. ______
   b. Traktate und evangelistische Literatur haben den Vorteil, daß sie ohne viel Gebet schnell und reibungslos verteilt werden können. ______
   c. Wir sollten nach Gelegenheiten suchen, Christus zu bezeugen. ______
   d. Es ist schwierig, das Wort Gottes im Gespräch mit einem Ungläubigen zu zitieren. ______

e. Ein Seelengewinner sollte vor allem von der Liebe Christi motiviert sein. __________

f. Im allgemeinen ist viel Ausdauer nötig, um Menschen für Christus zu gewinnen. __________

Antworten zum Test zur Selbstkorrektur – Lektion 10

1. Worte; Gebet; Reinigung.
2. d.
3. Christus, Wort Gottes.
4. Leben; beten; Widerstand.
5. d.
6. 1 u. c; 2 u. d; 3 u. b; 4 u. e; 5 u. a.
7. Christus; bitten.
8. Sünder; Freude; Liebe; bekennt; Vater.
9. c.
10. R; F; R; F; R; R.

Die »Test« -Antworten bitte nicht an die Emmaus-Fernbibelschule einsenden.

Wenn Sie den Stoff von Lektion 9 und 10 beherrschen, können Sie die Prüfung ablegen (siehe Prüfungsteil) und zur Korrektur an uns einsenden.

Forschet in der Schrift

Was muß der Gläubige über ein fruchtbares und gewinnbringendes Bibelstudium wissen? Ein Bibelstudium muß in völliger Abhängigkeit des Heiligen Geistes geschehen. Er ist unser Lehrer. Darum brauchen wir ständig seine Hilfe und Leitung (Joh. 14, 26; 16, 13). Es gibt keinen schnellen und einfachen Weg, um die Bibel kennenzulernen. Es fordert von jedem intensives Bibelstudium. Wir sollten die Bibel mit Ehrfurcht und unter Gebet um Klarheit durch den Heiligen Geist lesen, uns den Forderungen der Bibel stellen und unseren Glauben und unser Leben danach ausrichten.

Zu einem intensiven Bibelstudium sollte gehören:

1. Eine Studienbibel
   Die »Neue Scofield Bibel« mit Erklärungen nach der deutschen Übersetzung Martin Luthers, eignet sich für ein Bibelstudium ausgezeichnet. Sie enthält kurze Anmerkungen zu schwierigen Bibelstellen. Auch die angegebenen Parallelstellen helfen beim Studium des Wortes Gottes. (Vom Text her genauer ist die sogenannte »Elberfelder Bibel«.)

2. Eine Konkordanz
   Ein ausführliches Nachschlagewerk ist die »Elberfelder-Bibel-Konkordanz« mit biblischem Wörter-, Zahlen- und Namen-Register. Mit ihrer Hilfe können Sie einen Bibelvers finden, wenn Sie sich z. B. nur noch an ein oder zwei Wörter erinnern können. Zu empfehlen ist auch die »Bremer Handkonkordanz« (zur Handhabung der Lutherbibel).

3. Ein Bibel-Lexikon
   Das »Lexikon zur Bibel«, herausgegeben von Fritz Rienecker, erschienen im Brockhaus-Verlag, Wuppertal, ist eine ausgezeichnete Hilfe zum Bibelstudium. Es enthält eine Fülle von Informationen über alle wichtigen biblischen Begriffe.

Nachdem der Gläubige die notwenigen Hilfen besitzt, kann er mit einem intensiven Bibelstudium beginnen.

1. Zunächst sollten Sie jeden Tag eine ganz bestimmte Zeit für das Bibelstudium einräumen. Es ist gut, zuerst das ganze Neue Testament durchzugehen und dann das Alte Testament, Buch für Buch durchzulesen. Lesen Sie nicht oberflächlich, nur aus Pflichtgefühl, um das Pensum schnell hinter sich zu bringen. Lesen Sie vielmehr mit offenem und betendem Herzen, damit Gott zu Ihnen reden kann und Sie mit seinen Gedanken und Ratschlüssen vertraut werden.
2. Wenn Sie auf einen Begriff stoßen, den Sie nicht verstehen können, schlagen Sie im Bibel-Lexikon nach. Können Sie die Bedeutung eines Bibelabschnittes nicht verstehen, lesen Sie diesen Abschnitt ein zweites Mal und bitten den Herrn um Klarheit. Es kann sein, daß Ihnen manches längere Zeit unklar bleibt. Unter Umständen fragen Sie einen erfahrenen Christen. Auch wird Ihnen ein guter Bibelkommentar helfen können.
3. Vergleichen Sie die Bibelstellen mit den angegebenen Parallelstellen. Bauen Sie nie eine Lehre auf einen einzigen Bibelvers auf und nehmen Sie keinen Bibelvers aus dem Zusammenhang. Man muß mit der Bibel vertraut sein, um ihre Aussagen recht zu erfassen. Erforschen Sie die Zusammenhänge der Bibel.
4. Aufschlußreich und lohnend wird ein Bibelstudium, wenn Sie nach folgenden Punkten vorgehen:
   a) Was lehrt die Schrift über die Person Jesu Christi? (Selbst im Alten Testamen weisen viele Vorbilder auf Christus hin.)
   b) Was ist der Hauptgedanke oder das hervorstechende Ereignis dieses Kapitels?
   c) Welches ist der Schlüsselvers?
   d) Welche Verheißung darf ich für mich persönlich in Anspruch nehmen?
   e) Welche Sünden soll ich bekennen, und welche Gefahren der Sünde soll ich meiden?
   f) Welchem guten Beispiel darf ich folgen, und wie kann ich dieses in die Praxis umsetzen?
   g) Welche Verse sind schwierig?
5. Eine gute Hilfe ist, das Erforschte und Erkannte anderen

mitzuteilen, und zwar aus zwei Gründen: Erstens wird sich Ihnen dadurch das Gelesene viel besser einprägen, und zweitens dürfen Sie dabei den Segen, der Ihnen beim Bibelstudium geschenkt wurde, an andere weitergeben (Mal. 3, 16).

6. Machen Sie es sich zur Gewohnheit, jede Woche zwei oder drei Bibelverse auswendig zu lernen. Beginnen Sie mit den bekannten Versen wie Johannes 1, 12; 3, 16; 3, 36; 5, 24; Röm. 10, 9 usw. Wiederholen Sie das Auswendiggelernte regelmäßig. Das mehrmalige Wiederholen und Abschreiben des Verses hilft, ihn sich einzuprägen.

Jedes Wort Gottes, das in unseren Gedanken und im Gedächtnis vorhanden ist, schafft dem Heiligen Geist Möglichkeiten, uns und andere zu segnen. Es ist gut, das Wort Gottes in Händen, aber besser, es auch in Herz und Sinn zu haben. Der Geist Gottes wird den einen oder anderen Vers, den Sie sich gemerkt haben, wieder in Erinnerung rufen, so daß Sie ihn zur gegebenen Zeit auch zitieren können.

7. Das große Ziel des Bibelstudiums ist, das Gelesene und Gelernte in die Praxis umzusetzen. Das Wort Gottes will Sie ermuntern und stärken, aber auch korrigieren, damit Sie dem Herrn Jesus immer ähnlicher werden (Jer. 15, 16).

Seien Sie sich beim Studium des Wortes Gottes immer bewußt, daß Sie ein Buch vor sich haben, dessen Botschaft heilig ist. Es ist Gottes Wort, weil Gott durch die Bibel zu Ihnen redet.

»Der Himmel und die Erde werden vergehen, meine Worte aber sollen *nicht* vergehen« (Matth. 24, 35).

Deshalb möchten wir Sie ermuntern, ein regelmäßiges Bibelstudium durchzuführen.

Test zur Selbstkorrektur – Lektion 11

Bitte die ausgelassenen oder angefangenen Wörter einsetzen, den Buchstaben der richtigen Antwort angeben oder, wenn es ein »Richtig/Falsch-Test« ist, »R« oder »F« einsetzen.

1. Ein Bibelstudium kann nur dann segensreich werden, wenn es in der A______ vom H______

G______ geschieht. Der Heilige Geist ist unser Lehrer und nur durch ihn kann man die Bibel richtig verstehen.

2. Gewisse Hilfsmittel sind zu einem intensiven Bibelstudium fast unentbehrlich. Dazu gehören eine gute St______, eine Bibel-Konkordanz und ein Bibel-Lexikon. – Wenn wir zum Beispiel etwas über den Begriff »Pharisäer« erfahren möchten, sollten wir ein B______ heranziehen. Suchen wir aber bestimmte Schriftstellen, nehmen wir die K______ zur Hand.

3. Für ein gewinnbringendes Bibelstudium ist es notwendig, a) daß wir täglich eine bestimmte Zeit dafür festsetzen; b) daß wir abhängig bleiben vom Geist Gottes; c) daß wir die Bibel in ihrer Gesamtheit sehen als Wort Gottes und so ihre Aussagen studieren; d) daß wir die Hilfsmittel (Nachschlagewerke usw.) richtig zu gebrauchen wissen; e) alle Antworten sind richtig. ______

4. Wörter, die Sie nicht verstehen, schlagen Sie am besten in einem Bibellexikon oder einem gewöhnlichen Lexikon nach. Stoßen Sie auf einen schwierigen Abschnitt, kann ein guter Bibel-Kommentar helfen. – Können Sie ein Kapitel der Bibel – etwa Römer 7 – nicht verstehen, kann Ihnen ein B______ große Hilfe leisten. Möchten Sie die Bedeutung verschiedener Begriffe erfahren, wie Wiedergeburt, Rechtfertigung oder Heiligung, kann Ihnen ein B______ hilfreich sein.

5. Wollen Sie z. B. die biblische Lehre über die Hölle erfahren, dann sollten Sie a) alle Stellen studieren, die darüber Auskunft geben; b) alle Stellen in einer Konkordanz heraussuchen und sie in der Bibel nachschlagen; c) die Werke von Goethe und Schiller zu Rate ziehen; d) den

Bibelvers heraussuchen, der Ihnen besonders liegt, und ihn allein in Betracht ziehen; e) a und b treffen zu; f) c und d treffen zu. __________

6. Es ist hilfreich, das Kapitel, das wir lesen, aufzugliedern. Durch die kurzen niedergeschriebenen Stichworte, können sich die Hauptg______ fest in unser G______ einprägen.

7. Das Erforschte und Erkannte sollten wir anderen mitteilen, d. h. wir sollten uns mit anderen darüber austauschen, a) damit sie deutlich sehen, was wir alles wissen; b) damit sich uns das Gelesene besser einprägt und zu einem bleibenden Besitz wird; c) damit auch andere davon einen Gewinn haben und ihr Leben dadurch beeinflußt wird; d) alle Antworten sind richtig; e) b und c treffen zu. __________

8. Das Ziel jedes fruchtbaren Bibelstudiums ist, das Gelesene in unserem täglichen L______ zu p______. Weil das Wort Gottes in alle E______ besteht, hat auch alles, was wir daraus lernen, E______.

9. Richtig (R) oder falsch (F)?
   a. Bibel-Kommentare wurden geschrieben, damit wir die Bibel nicht mehr lesen brauchen. __________
   b. Die Leitung durch den Heiligen Geist hilft uns, die Aussagen der Bibel zu verstehen. __________
   c. Die meisten grundlegenden Lehren und Wahrheiten der Bibel beruhen auf einem einzelnen Vers. __________
   d. Der Herr hat Ihnen eine bestimmte Wahrheit in seinem Wort offenbart. Dies war ausschließlich für Sie gedacht, deshalb müssen Sie es unbedingt für sich behalten. __________
   e. Das Ziel unseres Bibelstudiums ist, das Gelernte im täglichen Leben zu praktizieren. __________

Antworten zum Test zur Selbstkorrektur – Lektion 11

1. Abhängigkeit; Heiligen Geist.
2. Studienbibel; Bibel-Lexikon; Konkordanz.
3. e.
4. Bibel-Kommentar; Bibel-Lexikon.
5. e.
6. Kapitel; Hauptgedanken; Gedächtnis.
7. e.
8. Leben; praktizieren; Ewigkeit; Ewigkeitswert.
9. F; R; F; F; R.

Die »Test«-Antworten bitte nicht an die Emmaus-Fernbibelschule einsenden.

Lektion 12

Ein erfülltes Leben mit Jesus Christus

Was kann ein Gläubiger tun, damit sein Leben für Gott Sinn und Bedeutung erfährt? Der Herr Jesus sagt in Johannes 10, 10 »Ich bin gekommen, damit sie Leben haben und Überfluß haben.« Hiermit ist das geistliche Leben gemeint. Der Herr möchte, daß Sie zur Glaubensreife kommen, und das bedeutet, daß Sie ihm Ihr Leben mit allen Bereichen übergeben. Er hat Sie von Schuld und Sünde befreit, um den wahren, lebendigen Gott zu lieben, ihn anzubeten und ihm zu dienen. Er wartet drauf, daß Sie sich seiner Führung rückhaltlos anvertrauen.
Die Bekehrung eines Menschen ist der Beginn eines Christenlebens. Viele meinen, das genüge und vergessen, wozu sie errettet worden sind. Das Leben eines Gläubigen kann für Gott und die Ewigkeit wertlos sein. Jemand sagte deshalb mit Recht: »Jener Mensch ist ein Tor, dessen Pläne alle im Zeitlichen enden« (Luk. 12, 16–21). Der Herr will, daß Sie Ihr Leben vom Ewigen bestimmen, damit es nicht fruchtlos bleibt.

Dazu einige wichtige Punkte:

1. Bedenken Sie, was es bedeutet, ein echter Jünger zu werden. Erkennen Sie die Notwendigkeit und schaffen Sie die Voraussetzung für ein fruchtbringendes Leben in dem Herrn. Alle Gläubigen sind Kinder Gottes, doch nicht alle sind wirksame Jünger Jesu. Die Bedingungen echter Jüngerschaft werden u. a. in Matthäus 10, 16–42 und Lukas 14, 25–35 aufgezeigt. Wahre Jüngerschaft bedeutet, daß Sie willig sind, Bequemlichkeit und irdische Sicherheit aufzugeben, ein Leben der Selbstverleugnung zu führen, Feindschaft und Spott von Außenstehenden zu ertragen. Es bedeutet, bereit zu sein, alles aufzugeben, um dem

Herrn Jesus entschieden und ohne Kompromisse nachzufolgen.

2. Weihen Sie freiwillig Ihr ganzes Leben dem Herrn (Röm. 12, 1). Übergeben Sie Gott Ihr ganzes Sein, d. h. Leib, Seele und Geist als ein lebendiges Opfer. K. T. Studd, der große Missionar und treue Zeuge Jesu, sagte einmal: »Wenn Jesus Christus Gott ist und für mich starb, dann kann kein Opfer meinerseits für ihn zu groß sein.«
3. »Verlieren« Sie Ihr Leben um Christi willen. Der Herr sagte zu seinen Jüngern, und damit sind auch wir angesprochen: »Wenn jemand sein Leben erretten will, wird er es verlieren; wenn aber jemand sein Leben verliert um meinetwillen, wird er es finden« (Matth. 16, 25). Mit anderen Worten: Wenn Sie ein fruchtbringendes Leben führen möchten, sollten Sie nicht mehr sich selbst und Ihren eigenen Wünschen leben, sondern so leben, daß es dem Herrn gefällt. Wer selbstsüchtig und egoistisch lebt, ist ein armer und unglücklicher Mensch.
4. Distanzieren Sie sich konsequent von allem, was Sie vom Herrn wegführen will. Brechen Sie alle hindernden Brücken hinter sich ab. Der Herr möchte, daß Sie bei Ihrem Entschluß bleiben und ihn vor Gott »festmachen«. Brechen Sie mit der Sünde, denn nichts soll Sie an einem Leben völligen Gehorsams und völliger Hingabe an den Herrn hindern (Luk. 9, 23).
5. Lassen Sie sich durch nichts von der Nachfolge abbringen. Viele machen einen guten Anfang, verlieren aber durch Ungehorsam oder Gleichgültigkeit den klaren Blick und fallen wieder in die alten Lebensgewohnheiten zurück. Gut bezahlte Berufe und steile Karrieren sind vielen zum Verhängnis geworden. Andere waren ungehorsam, indem sie einen ungläubigen Partner heirateten. Ihr geistliches Leben erlitt großen Schaden. Der Herr Jesus sagt in Lukas 9, 62: »Niemand, der seine Hand an den Pflug gelegt hat und zurückblickt, ist tauglich für das Reich Gottes.«
6. Sie sind errettet worden, um dem Herrn zu dienen. »Gleichwie der Sohn des Menschen nicht gekommen ist, um bedient zu werden, sondern um zu dienen und sein Leben zu geben als Lösegeld für viele« (Matth. 20, 28). In den Augen Gottes ist das Dienen größer als das Herrschen. Wahre Größe liegt darum im

Dienst und in der Hingabe für andere. »Geben ist seliger als Nehmen« (Apg. 20, 35).

7. Lassen Sie Jesus den König und Herrn Ihres Lebens sein. Wenn Christus Ihr Leben regieren darf, wird Ihr Leben gesegnet sein und für Gott und die Ewigkeit Bedeutung haben.

Zusammenfassend möchten wir noch einmal sagen, daß wahre Jüngerschaft kein angenehmer Zeitvertreib oder ein Spaziergang ist, sondern ein Kampf des Glaubens. Umsonst dürfen wir die Vergebung unserer Sünden erlangen. Ohne Verdienst macht der Herr jeden, der glaubt, zu einem Gotteskind. Aber es kostet alles, ein wahrer Jünger zu sein. Es bedeutet nicht Popularität, sondern Verfolgung. Es bringt nicht Bequemlichkeit, sondern Selbstverleugnung. Und dennoch ist es ein glückliches und erfülltes Leben, das beste, was Sie mit Ihrem Leben tun können. Denn Sie dienen dem Schöpfer und Erhalter des Universums, der uns liebt und für seine Erlösten Gedanken des Friedens hat, weil sie sich unter seine Herrschaft beugen.

Wir möchten Sie deshalb noch einmal herzlich bitten, ihr Leben in ganzer Hingabe Jesus Christus zu weihen und ihm treu nachzufolgen. Dann wird Ihnen große Freude geschenkt, wenn der Herr einst zu Ihnen sagen wird: »Wohl, du guter und treuer Knecht! . . . geh ein in die Freude deines Herrn« (Matth. 25, 21).

Test zur Selbstkorrektur – Lektion 12

Bitte die ausgelassenen oder angefangenen Wörter einsetzen, den Buchstaben der richtigen Antwort angeben oder, wenn es ein »Richtig/Falsch-Test« ist, »R« oder »F« einsetzen.

Die richtigen Antworten finden Sie auf Seite 87

1. Wir haben gelernt, daß ein Mensch, der an den Sohn Gottes glaubt und seine Entscheidung unter Beweis stellt, nicht mehr v_____ geht. Trotzdem kann es sein, daß sein Leben für Gott nutzlos bleibt. Seine Pläne und Ziele sind allein auf das Zeitliche und Vergängliche ausgerichtet.

Deshalb werden wir in Kolosser 3, 1. 2 ermahnt, nach dem zu trachten, »was d_____ ist, wo der C_______ ist, sitzend zur Rechten Gottes«.

2. Jesus nachzufolgen bedeutet: a) den Weg einzuschlagen, der am bequemsten ist; b) Selbstverleugnung; c) sein Kreuz aufzunehmen; d) die Feindschaft und den Spott der Welt auf sich zu ziehen; e) Wohlstand und Bequemlichkeit; f) a und e treffen zu; g) b, c und d sind richtig. __________

3. Ein Leben zu führen, das Gott gefällt, ist das große Vorrecht eines Christen. Ein wahrer Jünger Jesu lebt nicht mehr sich selbst, sondern für den, der sein L_______ für ihn hingegeben hat. Er darf sein Leben freiwillig als ein lebendiges O______ dem Herrn weihen. Verliert er sein Leben um Jesu willen, darf er es in der E______ wiederfinden.

4. »Wer seine Hand an den Pflug legt und sieht zurück, der ist nicht geschickt zum Reich Gottes« (Luk. 9, 62). Alles, was uns in der N______ Christi hindernd im Wege steht, sollte a______ werden, selbst wenn es scheinbar gute Dinge sind. Nimmt z. B. die Arbeitsstelle eines Christen seine gesamte Zeit und Energie in Anspruch, sollte er sich nach einem anderen Arbeitsplatz umsehen, um sich besser für den Herrn einsetzen zu können. Ein Jünger Jesu möchte dem Herrn Jesus d______.

5. Der Herr Jesus kam *nicht* in die Welt, um bedient zu werden, sondern um zu d______ und sein Leben zu geben zur Erlösung für viele. Die Bibel sagt auch, daß das G______ seliger ist als das Nehmen. Der H______ J______ hat das Gewaltigste für uns Menschen getan. Er g______

sein Leben hin, um unsere Sünden zu tilgen, um Tod und Teufel zu besiegen. Das Ziel eines Glaubenden sollte sein, Jesus Christus in allem ä____ zu werden.

6. Was gehört zusammen?

1. Leiber	a) diente
2. Jesus Christus	b) ein lebendiges Opfer
3. Vergängliche Ziele	c) nutzloses Leben
4. Zurücksehen	d) nicht geschickt zum Reich Gottes

1. ____________ und ____________
2. ____________ und ____________
3. ____________ und ____________
4. ____________ und ____________

7. Jesus Christus möchte der H____ unseres Lebens sein. Wer dem Geist Gottes Raum gibt in seinem L____, der wird hingehen und Frucht bringen und seine Frucht wird bleiben in E____.

8. Das Leben eines Christen ist nicht ziel- und planlos, sondern das Ziel eines Christen ist Christus, dem er die Herrschaft über sein Leben übergeben hat. Es kostet nicht viel, Christ zu werden, es kostet aber alles, einer zu sein. Das Leben eines Jünger Jesu a) ist dem Willen Gottes untergeordnet; b) verlangt völlige Hingabe; c) ist kein Spaziergang, sondern ein Kampf des Glaubens; d) bringt nicht Popularität, sondern Verfolgung; e) erfordert ein tägliches Aufnehmen des Kreuzes Christi; – f) alle Antworten sind richtig. ________

9. Jeder Christ wird einmal L____ empfangen für das, was er getan oder nicht g____ hat, es

sei gut oder böse. Die Treuen und Gehorsamen werden die Worte hören: »Wohl du g_____ und t______ Knecht«, die Trägen werden Schaden erleiden, d. h. sie bekommen weniger oder gar keinen Lohn.

10. Richtig (R) oder (F)?
a. Geben ist seliger als Nehmen ________
b. Der Herr Jesus kam, um zu dienen. ________
c. Eine gute Arbeitsstelle ist immer ein Zeichen für Segen. ________
d. Im Zeitalter der Technik ist das Christsein leichter geworden. ________
e. Das »Wohl, du guter und treuer Knecht« wird eine der herrlichsten Belohnungen eines Nachfolgers Jesu Christi sein. ________

Antworten zum Test zur Selbstkorrektur – Lektion 12

1. verloren; droben; Christus.
2. g.
3. Leben; Opfer; Ewigkeit.
4. Nachfolge; aufgegeben; dienen.
5. dienen; Geben; Herr Jesus; gab; ähnlicher.
6. 1 u. b; 2 u. a; 3 u. c; 4 u. d.
7. Herr; Leben; Ewigkeit.
8. f.
9. Lohn; getan; guter; treuer.
10. R; R; F; F; R.

Die »Test«-Antworten bitte nicht an die Emmaus-Fernbibelschule einsenden.

Wenn Sie den Stoff von Lektion 11 und 12 beherrschen, können Sie die 6. Prüfung ablegen (siehe Prüfungsteil) und zur Korrektur an uns einsenden.

Prüfungsteil

Ein Leben mit Christus – Nr. 02

ANMELDUNG

Hiermit melde ich mich als Teilnehmer am Bibelkurs »Ein Leben mit Christus« – Nr. 02 an.

Ich habe den Kurs am ____________ 19 ______ begonnen

Name: ____________ Vorname: ____________

Straße: ____________

PLZ/Ort: ____________

Alter: ____________ Gemeinde: ____________

Benotung (Dieses Feld bitte nicht ausfüllen)

1 ____________

2 ____________

3 ____________

4 ____________

5 ____________

6 ____________

Wenn keine andere Adresse angegeben ist, senden Sie bitte dieses Anmeldeblatt zusammen mit der *1. Prüfung* an:

Emmaus Fernbibelschule, Postfach 168,
D-6340 Dillenburg

Ein Leben mit Christus **1. Prüfung (Lektion 1 u. 2)**

Name:	Vorname:	
Straße:	PLZ/Ort:	
Korrigiert von:	Datum:	Note:

Lektion 1

Lesen Sie bitte jede Frage gründlich durch! Schreiben Sie dann den Buchstaben der richtigen Antwort rechts auf die vorgedruckte Linie!

1. Die Wiedergeburt geschieht durch
   a) die Taufe;
   b) die Teilnahme am Abendmahl;
   c) viele gute Werke und einen ethischen Lebenswandel
   d) die Wirkung des Heiligen Geistes, indem der Mensch das Heil in Jesus für sich im Glauben annimmt. ________

2. Durch den Heiligen Geist überführt, erkennt der Mensch
   a) seinen hoffnungslosen, verlorenen Zustand in Sünde und Schuld und die ewige Trennung von Gott.
   b) daß er seine Rebellion gegen Gott aufgeben und in Reue und Buße Jesus Christus, dem Retter, seine Sünde bekennen muß.
   c) daß er den Herrn Jesus im Glauben als seinen persönlichen Herrn und Heiland annehmen muß.
   d) Die Antworten a – c treffen zu. ________

3. Ein wiedergeborener Mensch
   a) kann nur durch die Vermittlung von Heili-

gen, Engeln oder anderen Mittlern zu Gott kommen.

b) darf aufgrund seiner eigenen Verdienste und guten Werke zu Gott kommen

c) hat wie Jesus Christus vollen Zugang in die Gegenwart Gottes. Er kommt zu Gott »in Christus« und erhält so die gleiche Stellung, die sein Sohn Jesus Christus vor ihm besitzt.

d) ist zwar durch Christus von Gott angenommen, kann ihm aber nicht die gleiche Stellung einräumen, die der Sohn Gottes hat. ________

4. Gott hat den gläubig gewordenen Menschen begnadigt, weil
   a) Gott bereit ist, seine Sünde zu übersehen.
   b) Jesus seine Sündenschuld bezahlt hat. Durch den Glauben an Jesus Christus hat ihn Gott umsonst gerechtfertigt.
   c) es überhaupt keine Sünde gibt; Sünde ist eine Einbildung des Menschen. ________

5. Wenn jemand durch die Wiedergeburt ein Kind Gottes geworden ist,
   a) kann er seinen Körper vernachlässigen, da für Gott nur die Seele Wert hat.
   b) sollte er gegen seinen Körper mit aller Härte und Strenge vorgehen, weil er durch die Sünde unheilbar verdorben und die Quelle alles Bösen ist.
   c) ist sein Leib ein Tempel des Heiligen Geistes. Der Heilige Geist hat in ihm Wohnung bezogen. ________

6. Die wahre Gemeinde Gottes
   a) gibt es nicht.
   b) besteht aus allen wiedergeborenen Menschen.
   c) ist eine Allianz-Gemeinde. Sie besteht aus

allen getauften Mitgliedern der verschiedenen christlichen Kirchen und Freikirchen.

d) hat ihren Hauptsitz in Rom. ________

7. Die Bibel nennt den heilig,
   a) der ein außergewöhnlich selbstloses und bescheidenes Leben führt.
   b) der von der Kirche heiliggesprochen wurde.
   c) der den Herrn Jesus im Glauben als seinen persönlichen Heiland angenommen hat.
   d) der nach seinem Tod in den Himmel einging und dort den besonderen Dienst erhielt, für die Menschen auf der Erde zu beten. ________

8. »Denn in ihm wohnt die ganze Fülle der Gottheit leibhaftig; und ihr seid in ihm zur Fülle gebracht.« Dieses Bibelwort steht in:
   a) Johannes 1, 12. c) Kolosser 2, 9. 10.
   b) Römer 3, 24. d) 2. Petrus 1, 3. ________

9. Die neue göttliche Natur
   a) wird einem Menschen niemals geschenkt werden.
   b) wird dem Christen erst im zukünftigen Leben gegeben werden.
   c) empfängt der Mensch bei seiner Geburt.
   d) ist ein Gnadengeschenk Gottes. Jeder, der Jesus Christus als Herrn und Retter im Glauben annimmt, wird das Geschenk der Wiedergeburt empfangen. ________

10. Ist jemand von neuem geboren,
    a) hat er keine Probleme mit der Sünde mehr.
    b) wird er nie mehr krank werden.
    c) darf er wissen, daß Gott über seinem Leben wacht, ihn führen will und ihn selbst im Leid nicht verläßt, so daß alle Dinge zu seinem Besten dienen. ________

Persönliches Erleben:

Es wird für Sie hilfreich sein, einmal über Ihre Wiedergeburt zu berichten. Wie sah Ihr Leben vor Ihrer Wiedergeburt aus, und was waren die Folgen Ihres Glaubens? Konnten Sie eine Veränderung in Ihrem Leben feststellen?

____

____

____

____

____

____

Lektion 2

11. Dem Christen ist die Bibel ein Buch,
    a) das neben vielen historischen Berichten und Überlieferungen das Wort Gottes enthält.
    b) das für alle zum Wort Gottes wird, die es individuell dafür halten.
    c) das als Wort Gottes absolut wahr ist. Man kann ihr völlig vertrauen von der ersten bis zur letzten Seite. Die in ihr niedergeschriebene Botschaft ist heilig, d. h. von Gott.
    d) das zwar nicht unbedingt Gottes Wort, jedoch von ausgesprochen ethischem Wert ist, so daß wir von einem literarischen Meisterwerk sprechen können. ________

12. Die Bibel lehrt, daß jeder, der seine Sünden bereut und den Herrn Jesus im Glauben als seinen Heiland annimmt
    a) errettet ist.

b) errettet wird, wenn er nicht mehr sündigt.
c) errettet wird, wenn er regelmäßig zur Kirche geht und anhaltend gute Werke tut.
d) vor seinem Tod nicht wissen kann, ob er erettet ist. ________

13. Die Heilsgewißheit wird uns geschenkt durch
a) gute Werke
b) ein Gefühlserlebnis.
c) die Sakramente der Kirche.
d) Vertrauen auf Gottes Versprechen in seinem Wort. ________

14. Ein Bekannter erzählt Ihnen, daß er innerlich nichts von seiner Errettung fühlt. Als er kürzlich nach einer Evangelisationsversammlung sein Leben dem Herrn Jesus übergab, habe er Erleichterung und Glück empfunden. Nun sei dies jedoch völlig verschwunden. Was könnten Sie ihm am besten antworten?
a) »Das ist ein ganz klarer Fall, deine Bekehrung war nicht echt.«
b) »Du warst errettet, hast aber inzwischen die Gotteskindschaft wieder verloren. Du mußt dich von neuem bekehren.«
c) »Du gründest deine Heilsgewißheit auf Gefühle, anstatt dem Versprechen Gottes in seinem Wort zu vertrauen.« ________

15. Heilsgewißheit zu haben heißt,
a) den Glauben an das Versprechen Gottes in seinem Wort vor die Gefühle zu stellen.
b) die Gefühle vor den Glauben zu stellen.
c) den Glauben und die Gefühle auszuschalten.
d) die Antworten a – c sind falsch. ________

16. Welches Verhalten zeigt *am besten*, ob jemand wiedergeboren ist?

a) Er raucht nicht mehr.
b) Er liest regelmäßig die Bibel.
c) Er liebt alle, die mit ihm dem Herrn Jesus nachfolgen und sucht ihre Gemeinschaft.
d) Er geht regelmäßig zum Gottesdienst. ________

17. Welcher Vers sagt am deutlichsten, daß ein wahrer Christ nicht mehr unter der Herrschaft der Sünde ist?
a) Römer 6, 14;
b) Römer 8, 16;
c) 1. Johannes 3, 14;
d) 1. Johannes 5, 10. ________

18. Römer 10, 9 sagt uns, daß, wenn wir an Jesus, den Sohn Gottes, glauben,
a) regelmäßig die Bibel lesen sollen.
b) gefühlvoll beten sollen.
c) sich unsere Glaubensgewißheit vertiefen wird, wenn wir vor anderen den Herrn bekennen.
d) uns taufen lassen sollen. ________

19. Nennen Sie einige in dieser Lektion angeführten Bibelstellen, auf die Sie sich stützen, wenn Sie in Ihrer Heilsgewißheit angefochten und unsicher werden.

____

20. Schreiben Sie bitte 1. Johannes 5, 13 auswendig nieder:

____

____

____

____

____

Was sagen Sie dazu?
Wo werden Sie Ihre Ewigkeit verbringen? Worauf gründen Sie Ihre Überzeugung?

____

____

____

____

____

____

____

Schneiden Sie bitte die Prüfungsbogen zur 1. Prüfung heraus und senden diese, wenn keine andere Adresse angegeben ist, an die Emmaus-Fernbibelschule, Postfach 168, D-6340 Dillenburg. Bitte legen Sie einen an Sie adressierten Freiumschlag bei.

Name:	Vorname:	
Straße:	PLZ/Ort:	
Korrigiert von:	Datum:	Note:

Lektion 3

Lesen Sie bitte jede Frage gründlich durch! Schreiben Sie dann den Buchstaben der richtigen Antwort rechts auf die vorgedruckte Linie!

1. Als der Herr Jesus den Seinen versprach, daß sie nie mehr verlorengehen würden, verbürgte er sich für diese wunderbare Wahrheit mit dem Hinweis
   a) auf sein vollendetes Erlösungswerk auf Golgatha.
   b) auf die Kraft und Wirksamkeit seines vergossenen Blutes.
   c) auf die mächtige Vaterhand Gottes.
   d) Auf die unverrückbare Autorität der Heiligen Schrift. ________

2. Welche Bibelverse sagen aus, daß der Mensch, der an den Sohn Gottes glaubt, das ewige Leben schon jetzt besitzt?
   a) Epheser 6, 10 und Römer 12, 1.
   b) Johannes 3, 36 und Johannes 5, 24.
   c) Alle Verse – a u. b.
   d) Keiner der Verse. ________

3. Der Gläubige kann von der Liebe Gottes getrennt werden durch
   a) seinen eigenen Willen.
   b) den Tod.
   c) Satan.
   d) nichts. ______

4. In Johannes 6, 39 (Bibelstelle bitte lesen) erfahren wir, daß Christus die Bewahrung aller Gläubigen anvertraut worden ist. In diesem Zusammenhang wird hingewiesen
   a) auf die Israeliten in der Wüste, die einst durch den Blick auf die eherne Schlange gerettet wurden.
   b) auf das Gehalten- und Getragenwerden der Reben vom Weinstock.
   c) auf die kommende Auferstehung.
   d) auf das Gericht vor dem großen weißen Thron. ______

5. Ein Christ wird nach seiner Errettung vor dem Abfall bewahrt,
   a) weil er sein Bestes tut, um Gott zu gefallen.
   b) weil er sich taufen läßt.
   c) weil er von seinem Heiland gehalten und getragen wird.
   d) weil er sich ganz von der Welt zurückzieht und in klösterlicher Abgeschiedenheit lebt. ______

6. Die Worte »Wahrlich, wahrlich, ich sage euch: »Wer mein Wort hört und glaubt dem, der mich gesandt hat, hat ewiges Leben und kommt nicht ins Gericht, sondern er ist aus dem Tod in das leben übergegangen« stehen in
   a) Johannes 3, 36;
   b) Johannes 5, 24.
   c) Johannes 10, 27–29.
   d) Römer 8, 30. ______

7. Der Herr Jesus starb
   a) nur für die Sünden meiner Vergangenheit.
   b) nur für die Sünden, die ich unwissentlich begangen habe.
   c) nur für meine Unterlassungssünden, d. h. für die Dinge, die ich eigentlich hätte tun sollen, aber nicht getan habe.
   d) ausnahmslos für alle meine Sünden. __________

8. Wenn ein Kind Gottes sündigt,
   a) wird es Gott als seinem Richter begegnen.
   b) verliert es die Gotteskindschaft.
   c) beweist dies, daß es überhaupt kein Kind Gottes war.
   d) ist die Gemeinschaft mit Gott so lange unterbrochen, bis es seine Sünde vor Jesus Christus bereut und bekennt. __________

9. Ein Christ
   a) wird sein Heil niemals verlieren. Er kann deshalb nach Belieben sündigen.
   b) der die Vergebung und Reinigung durch Jesu Blut vernachlässigt, muß damit rechnen, daß Gott ihm in seiner Liebe nachgeht, auch wenn dies oft schwere Wege und Züchtigung bedeutet.
   c) kann eine sündlose Vollkommenheit erreichen, falls er hart genug an sich arbeitet.
   d) sündigt nie. __________

10. Bibelstellen, aus denen man schließen könnte, daß ein Kind Gottes wieder verlorengehen kann,
   a) stellen ein großes Problem dar, weil sie im Widerspruch zu solchen Bibelstellen stehen, die ganz eindeutig aussagen, daß ein Kind Gottes nicht mehr verlorengehen kann.
   b) überwiegen bei weitem solche Stellen, die

bezeugen, daß ein Kind Gottes nicht mehr verlorengehen kann.

c) beziehen sich in Wirklichkeit nicht auf wahre Gläubige, sondern auf Menschen, die lediglich vorgeben, Christen zu sein und eine wirkliche Wiedergeburt und Erneuerung nie erlebt haben.

d) betreffen in Wirklichkeit nur Juden und nicht die Christen ________

Was sagen Sie dazu?

Einige Gedanken zur Lektion: ________________________________

____

____

____

____

____

Lektion 4

11. Wenn jemand ein Christ wird,
    a) beginnt für ihn der Kampf des Glaubens.
    b) hört der Kampf mit der Sünde für immer auf.
    c) gibt es für ihn keine Versuchungen mehr.
    d) wird er trotz aller auf ihn einstürmenden Versuchungen niemals mehr sündigen. ________

12. Ein Christ besitzt
    a) noch die alte Natur, die völlig von der Sünde zersetzt ist.
    b) noch die alte Natur, die ständiger Besserung bedarf.
    c) noch die alte Natur, die teils gut, teils schlecht ist.

d) noch die alte Natur, die beim Empfang des Heiligen Geistes weggenommen wird. ______

13. Die alte sündige Natur des Christen
   a) sollte sich allezeit frei entfalten können.
   b) ist verbesserungsfähig.
   c) sollte genährt und gepflegt werden.
   d) sollte im Tode gehalten werden. ______

14. Wo steht der Bibelvers: »In meinem Herzen habe ich dein Wort verwahrt, damit ich nicht gegen dich sündige«?
   a) Psalm 119, 9;
   b) Psalm 119, 11;
   c) Sprüche 1, 10;
   d) Sprüche 1, 16. ______

15. Wenn ein Gläubiger in Versuchung und Anfechtung kommt, sollte er
   a) stets den Weg des geringeren Widerstandes gehen.
   b) sich sagen, daß dies nur eine Einbildung ist.
   c) sofort Gott um Hilfe bitten und vor der Versuchung fliehen.
   d) diesem Verlangen durch seine eigene Willenskraft widerstehen. ______

16. Ein Christ
   a) sollte sich weigern, mit ungläubigen Menschen zusammenzuarbeiten.
   b) sollte ein intensives Gesellschaftsleben mit Nichtchristen pflegen, um besser für Christus zeugen zu können.
   c) sollte die Gemeinschaft der Kinder Gottes suchen und nicht die der Ungläubigen. ______

17. Wenn uns bewußt wird, daß wir gegen Gott gesündigt haben,

a) sollten wir uns dies gut merken und dann am Abend Gott um Vergebung bitten.
b) sollten wir diese Sünde auf unsere Gebetsliste schreiben, und einmal in der Woche eine »stille Stunde« einlegen, um dann alle Sünden zu bekennen.
c) sollten wir dem Herrn diese Sünde sofort bekennen, um von ihm Vergebung und Reinigung zu empfangen.
d) sollten wir zur Beichte gehen, es dem Priester bekennen und dann seine uns auferlegte Buße erfüllen. ________

18. Der Dienst für den Herrn
a) ist nur eine Angelegenheit für reife Christen.
b) ist eine Selbstverständlichkeit für jeden Christen, da Christsein jeden Bereich unseres Lebens, unsere Begabungen, unsere Zeit und unser Geld einschließt.
c) ist jedem selbst freigestellt.
d) sollte möglichst vermieden werden, da wir aus Glauben errettet worden sind und nicht aufgrund guter Werke. ________

19. In Philipper 4, 8 wird dem Christen gesagt (Bibelstelle bitte lesen),
a) wie er andere für Christus gewinnen kann.
b) wie er Freunde gewinnen und andere Menschen beeinflussen kann.
c) worauf er seine Gedanken richten soll.
d) wie er Krankheiten vermeiden kann. ________

20. Versucht werden
a) nur junge Christen.
b) nur ältere Christen.
c) nur ungläubige Menschen, Christen nie.
d) ausnahmslos alle Wiedergeborenen. ________

Was sagen Sie dazu?

Schreiben Sie zum Inhalt der Lektionen 3 und 4 Ihre persönlichen Gedanken nieder:

Schneiden Sie bitte die Prüfungsbogen zur 2. Prüfung heraus und senden diese, falls keine andere Adresse angegeben ist, an die Emmaus-Fernbibelschule, Postfach 168, D-6340 Dillenburg. Bitte legen Sie einen an Sie adressierten Freiumschlag bei.

Ein Leben mit Christus **3. Prüfung (Lektion 5 u. 6)**

Name:	Vorname:
Straße:	PLZ/Ort:
Korrigiert von:	Datum: Note:

Lektion 5

Lesen Sie bitte jede Frage gründlich durch! Schreiben Sie dann den Buchstaben der richtigen Antwort rechts auf die vorgedruckte Linie!

1. Durch welche Bibelstelle ermahnt uns Paulus, uns von aller Art des Bösen fernzuhalten?
   a) Römer 14, 23;
   b) 1. Korinther 6, 19;
   c) 1. Thessalonicher 5, 22.
   d) Epheser 4, 20. ________

2. Was ist die richtige Einstellung des Christen zur Welt?
   a) Er sollte versuchen, für sich das Beste herauszuholen.
   b) Er ist in der Welt, aber nicht von der Welt.
   c) Er sollte vor ihr fliehen und sich isolieren.
   d) Er lebt in ihr und sollte sich als ein Teil von ihr betrachten. ________

3. Die Wiederkunft des Herrn
   a) ist ein Ereignis, das noch in weiter Ferne liegt. Es hat von daher keinen Einfluß auf das Verhalten eines Christen.
   b) ist ein beliebtes Thema der Evangelisten.
   c) sollte uns zu einem Leben anspornen, das Gott gefällt.

d) hat so viele sich widersprechende Gesichtspunkte, daß sich ein weiser Christ besser gar nicht damit beschäftigt. ________

4. Ein Christ, der sich fragwürdigen Angewohnheiten oder zweifelhaften Vergnügen hingibt,
a) braucht auf keinen Menschen Rücksicht zu nehmen.
b) wird in seinem geistlichen Wachstum nicht behindert.
c) kann durch sein Verhalten vielen den Weg zur ewigen Erlösung versperren. Sein Verhalten hat immer Einfluß auf andere. ________

5. Thomas ist sich nicht ganz sicher, ob sich sein Zeugnis für den Herrn mit dem Besuch einer Disco-Veranstaltung vereinbaren läßt. Er möchte gern hingehen. Er versucht sich einzureden, daß er beim Tanzen genauso von Jesus zeugen kann wie überall. Trotzdem ist er innerlich unruhig. Was würden Sie ihm vorschlagen?
a) Er sollte zu dieser Veranstaltung gehen und seine Zweifel fallenlassen.
b) Wenn er zweifelt und innerlich unruhig ist, mahnt ihn der Heilige Geist. Er sollte nicht hingehen.
c) Er sollte gehen, damit er nicht als zu eng und extrem verschrien wird.
d) Er sollte ruhig hingehen, weil die Bibel darüber schweigt. ________

6. Hebräer 12, 1 sagt uns,
a) daß wir darauf achten sollten, das ewige Heil durch Vergnügungen nicht wieder zu verlieren.
b) daß wir alles ablegen sollten, was uns in unserem Glaubensleben behindert.

c) daß wir allen alles sein sollten, um etliche für Christus zu gewinnen, selbst wenn wir dabei Dinge tun müssen, die unser Gewissen beunruhigen.
d) daß wir fasten und beten sollten, um nicht in Versuchungen zu kommen. ____________

7. Ein Christ möchte deshalb ein Leben führen, das Gott gefällt,
a) weil Gott ihm eine ganze Liste von Geboten gegeben hat, denen er gehorchen muß.
b) weil er die Strafe Gottes fürchtet, falls er kein vorbildliches Leben führt.
c) weil Gott soviel für ihn getan hat. Er möchte darum nur das tun, was seinem Herrn und Heiland gefällt.
d) weil andere Christen sonst abfällig auf ihn herabsehen. ____________

Was sagen Sie dazu?

Nennen Sie eine bestimmte Sache, die Sie aufgegeben haben, seit Sie gläubig geworden sind, und erklären Sie auch, warum Sie das getan haben.

____

____

____

____

8. Wer ordnete die Glaubenstaufe an?
   a) Jesus Christus,
   b) Apostel Paulus,
   c) Johannes der Täufer,
   d) Die erste Gemeinde. ________

9. Die Taufe der Gläubigen geschieht auf den Namen
   a) des Vaters.
   b) des Sohnes.
   c) des Heiligen Geistes.
   d) des Vaters, des Sohnes und des Heiligen Geistes. ________

10. Der Kämmerer aus Äthiopien, zu dem Gott den den Evangelisten Philippus schickte,
   a) war ein Jude, der die Erlösung brauchte.
   b) war ein Mann, der aufrichtig die Wahrheit suchte.
   c) war schon ein Christ, hatte sich aber noch nicht taufen lassen.
   d) war ein Mann, dem die Heilige Schrift völlig unbekannt war. ________

11. Philippus sagte dem Kämmerer,
   a) daß er sich taufen lassen müsse, um errettet zu werden.
   b) daß er schon als kleines Kind hätte getauft werden müssen.
   c) von Christus, dem Lamm Gottes, das der Welt Sünde wegnimmt.
   d) von der Wiederkunft Christi. ________

12. Was ist richtig? – Der Kämmerer
   a) wurde von Philippus getauft und dann von Gott errettet.

b) glaubte, wurde getauft und zog dann fröhlich seine Straße.
c) wurde errettet, weil er ein starkes Gefühlserlebnis hatte.
d) war schon getauft, wurde aber erst dann errettet, als er den Herrn Jesus annahm und die Taufe des Heiligen Geistes erhielt. ________

13. Die Taufe ist
a) ein Sakrament der Kirche.
b) ein Akt des Gehorsams und ein Bezeugen des persönlichen Glaubens.
c) eine Garantie für ein geheiligtes Leben.
d) eigentlich unwichtig. ________

14. Die Taufe ist eine symbolhafte Handlung und bedeutet das Einswerden des Gläubigen mit Christus in
a) seinem Tod.
b) seinem Begräbnis.
c) seiner Auferstehung.
d) alle Antworten von a–c sind richtig ________

15. Folgende Beschreibung der Taufe ist richtig:
a) Sie ist der äußere Ausdruck einer inneren Erfahrung.
b) Sie ist eine Handlung, die mich zum Kind Gottes und Erben des Himmel macht.
c) Sie ist die wichtigste Lehre des christlichen Glaubens.
d) Sie ist der Keim zu einem christlichen Leben. ________

16. Hat ein wiedergeborener Mensch den Wunsch, sich taufen zu lassen, kann er damit rechnen, daß er auf große Ablehnung stößt. In manchen Ländern kann es sogar zur Verfolgung kommen. Der Gläubige sollte

a) solange mit der Taufe warten, bis ein günstigeres religiöses Klima herrscht.
b) heimlich getauft werden.
c) in enger Verbindung mit dem Herrn leben, auf seine Weisung achten und auch zum Leiden bereit sein. ________

17. Wo steht in der Bibel geschrieben: »Wenn ihr dies wißt, glückselig seid ihr, wenn ihr es tut.«
a) Matthäus 28, 19. 20;
b) Johannes 13, 17;
c) Apostelgeschichte 8, 26;
d) Kolosser 2, 12. ________

Was sagen Sie dazu?

Beschreiben Sie Ihre Einstellung zur Taufe und wenn möglich, berichten Sie über Ihre eigene Taufe.

____

____

____

____

____

____

____

Schneiden sie bitte die Prüfungsbogen zur 3. Prüfung heraus und senden diese, falls keine andere Adresse angegeben ist, an die Emmaus-Fernbibelschule, Postfach 168, D-6340 Dillenburg. Bitte legen Sie einen an Sie adressierten Freiumschlag bei.

Ein Leben mit Christus **4. Prüfung (Lektion 7 u. 8)**

Name: ____________ Vorname: ____________

Straße: ____________ PLZ/Ort: ____________

Korrigiert von: ____________ Datum: ____________ Note: ____________

Lektion 7

Lesen Sie bitte jede Frage gründlich durch! Schreiben Sie dann den Buchstaben der richtigen Antwort rechts auf die vorgedruckte Linie!

1. Man wird ein Glied der Gemeinde Gottes, wenn man
   a) als Mitglied in einer Kirchengemeinde eingetragen wird.
   b) getauft wird.
   c) Christus im Glauben als seinen persönlichen Erretter annimmt.
   d) konfirmiert wird und zum erstenmal am Abendmahl teilnimmt. ____________

2. Die ersten christlichen Gemeinden
   a) versammelten sich in Privathäusern.
   b) wurden von Petrus in Rom gegründet.
   c) versammelten sich in einer herrlichen Kathedrale in Jerusalem.
   d) gehörten nur drei verschiedenen kirchlichen Richtungen an. ____________

3. Die erste sichtbare Gemeinde zeichnete sich aus durch ein Festhalten und Verharren

a) in der Lehre der Apostel.
b) in der beständigen Gemeinschaft untereinander.
c) im Brechen des Brotes.
d) in den Gebeten.
e) Alle Antworten sind richtig. ____________

4. Hebräer 10, 25 warnt uns
a) vor falschen Lehren.
b) vor der Zersplitterung der Gläubigen.
c) das Zusammenkommen, d. h. unsere Gemeindestunden nicht zu versäumen.
d) vor dem Vernachlässigen der Evangelisationsarbeit. ____________

5. Bevor wir uns einer Gemeinde anschließen, sollten wir
a) ihre Lehre und Tradition im Licht der Bibel prüfen.
b) ihre Lehre und Tradition uneingeschränkt annehmen.
c) sicher sein, daß uns ihr Prediger gefällt.
d) sicher sein, daß ihr Sozialprogramm auch unseren Erwartungen entspricht. ____________

6. Prüfen Sie, welche Ordnungsgrundsätze die Gemeinde hat und
a) wie hoch ihr Ansehen am Ort ist.
b) zu welcher Richtung sie gehört.
c) ob Gottes Wort die Richtschnur ist.
d) wie groß ihre Mitgliederzahl ist und wie leicht man sie erreichen kann. ____________

7. Eine Gemeinde sagt Ihnen nach außen hin zu. Bei einem Gespräch mit einigen der verantwortlichen Männer merken Sie, daß einige die Gottheit Jesu Christi verneinen. Sie sollten
a) sich dieser Gemeinde anschließen mit dem

festen Entschluß, ihr die richtigen Lehren beizubringen, sobald sich eine Gelegenheit dazu bietet.
b) sich dieser Gemeinde anschließen, sich jedoch vorsehen, sich nicht von ihrer falschen Lehre beeinflussen lassen.
c) diese Gemeinde nicht besuchen und sich ihr nicht anschließen.
d) diese Gemeinde regelmäßig besuchen, ohne sich ihr fest anzuschließen. ________

8. Wenn Sie nicht genau wissen, was eine Gemeinde von dem Werk Jesu Christi hält, sollten Sie einen Verantwortlichen dieser Gemeinde danach fragen. Welche Frage wäre die beste? – Wie ist Ihre Stellung
a) zum Blut Jesu Christi?
b) zur Wiederkunft Jesu?
c) zur Priesterschaft aller Gläubigen?
d) zur Ausbreitung des Evangeliums? ________

9. Nach Kolosser 1, 18. 19; Epheser 1, 22. 23 ist das Haupt der Gemeinde
a) der Papst.
b) der Heilige Geist.
c) Simon Petrus.
d) der Herr Jesus Christus.
e) ein Landesbischof. ________

10. Was ist das Wichtigste beim Anschluß an eine Gemeinde?
a) Eine gute Organisation.
b) Der äußere Rahmen eines Gottesdienstes.
c) Die Tatsache, daß sich diese Gemeinde ganz bewußt unter die Leitung des Heiligen Geistes stellt und daß Gottes Wort die Richtschnur ist.
d) Die Persönlichkeit und die Fähigkeiten der verantwortlichen Männer dieser Gemeinde. ________

Was sagen Sie dazu?

Woher wissen Sie, daß die Gemeinde, zu der Sie gehören, Gottes Zustimmung findet?

____

____

____

Lektion 8

11. Nach Sprüche 3, 5. 6 wird der Herr denen seinen Willen offenbaren, die
    a) demütig sind.
    b) ihn auf allen ihren Wegen erkennen.
    c) der Welt völlig entsagt haben.
    d) aufrichtig nach Gottes Willen trachten und auch tun. ________

12. Ein junger Mann möchte Gottes Willen tun. Er ist ein hingegebener, eifriger Christ, der sein gutgehendes Geschäft im Gebet in die Hände des Herrn gelegt hat. Er will auch einen großen Teil seiner Gewinne für das Reich Gottes einsetzen.
    Trotzdem zögert er, sich dem Herrn ganz hinzugeben, weil er fürchtet, daß Gott ihn auf das Missionsfeld rufen könnte. Er meint, seine Karriere als erfolgreicher Geschäftsmann würde dann beendet sein. Nun ist dieser junge Mann unruhig und ohne inneren Frieden. Er sieht kein richtiges Ziel vor seinen Augen. Die Ursache seiner inneren Zerrissenheit ist
    a) Habsucht.
    b) das Verlangen nach einer hohen gesellschaftlichen Stellung.

c) daß er keine völlige Hingabe an Gott vollziehen will.
d) sündiger Ehrgeiz. ______

13. Es ist zwecklos, um Gottes Führung zu bitten, wenn wir
a) nicht alles verstehen, was in der Bibel geschrieben steht.
b) noch an einer Sünde festhalten und nicht bereit sind, mit ihr zu brechen.
c) nicht vollzeitlich in der Reichsgottesarbeit stehen.
d) noch keinen anderen Menschen für den Herrn Jesus gewonnen haben. ______

14. Wenn wir Gott bitten, uns seinen Willen zu offenbaren, sollten wir
a) alle unsere Beredsamkeit an den Tag legen.
b) unbedingt Bibelverse gebrauchen.
c) oft und lange beten.
d) darum bemüht sein, daß Gott durch unsere Bitte verherrlicht wird. ______

15. Ein Christ kann nicht erwarten, Gottes Willen zu erfahren, wenn er nicht
a) aufmerksam und erwartungsvoll Gottes Wort liest.
b) zuvor die Sache ausführlich mit anderen Christen bespricht.
c) getauft ist.
d) dreimal in der Woche fastet und den Zehnten von seinem Einkommen gibt. ______

16. Weitere Dinge, wodurch uns Gott seinen Willen zeigen kann:
a) Durch die Bibel
b) Durch andere Gläubige.
c) Durch besondere Umstände.

d) Durch den Heiligen Geist.
e) Alle Antworten sind richtig. ________

17. Ein Christ möchte von Gott wissen, ob er zu einem Fest mit zu erwartendem großen Trinkgelage gehen soll. Welche Bibelstelle wird ihm helfen, in dieser Sache zur rechten Entscheidung zu kommen?
a) Psalm 36, 9;
b) 1. Korinther 15, 32;
c) Sprüche 20, 1;
d) Johannes 4, 13. ________

Begründen Sie bitte Ihre Antwort:

____

____

____

____

____

____

18. In welchem Fall führte der Herr durch besondere äußere Umstände?
a) 1. Mose 24;
b) Apostelgeschichte 17.
c) In beiden.
d) In keinem. ________

19. In Apostelgeschichte 16, 6. 7 haben wir ein Beispiel der Führung Gottes durch
a) einen Bibelvers.
b) den Ratschlag eines älteren, erfahrenen Christen.
c) den Heiligen Geist.
d) Alle Antworten sind richtig. ________

20. Wenn Gott uns seinen Willen offenbart
   a) können wir prüfen, ob wir bereit sind, ihn zu tun.
   b) sollten wir ihn gehorsam ausführen.
   c) werden wir bestraft, falls wir nicht gehorchen.
   c) sollten wir es bedauern, jemals nach seinem Willen gefragt zu haben. ________

Was sagen Sie dazu?

Nennen Sie ein Beispiel aus Ihrem eigenen Leben, wie Sie in einer bestimmten Sache den Willen Gottes erkannten.

____

____

____

____

____

____

Schneiden Sie bitte die Prüfungsbogen zur 4. Prüfung heraus und senden sie, falls keine andere Adresse angegeben ist, an die Emmaus-Fernbibelschule, Postfach 168, D-6340 Dillenburg. Bitte legen Sie einen an Sie adressierten Freiumschlag bei.

Ein Leben mit Christus **5. Prüfung (Lektion 9 u. 10)**

Name:	Vorname:	
Straße:	PLZ/Ort:	
Korrigiert von:	Datum:	Note:

Lektion 9

Lesen Sie bitte jede Frage gründlich durch! Schreiben Sie dann den Buchstaben der richtigen Antwort rechts auf die vorgedruckte Linie!

1. Im Thessalonicherbrief sagt Paulus, daß Christen
   a) kniend beten sollen.
   b) sich bei dem Gebet in Richtung Jerusalem verneigen sollen.
   c) ohne Unterlaß beten sollen.
   d) um Gesundheit beten sollen. ________

2. Das Dankgebet vor dem Essen
   a) sollte man nur zu Hause sprechen.
   b) sollte für den Gläubigen selbstverständlich sein.
   c) ist eine fromme Schau und sollte vermieden werden.
   d) könnte leicht als religiöser Fanatismus ausgelegt werden. ________

3. Die Gebetshaltung eines Christen
   a) darf nur eine kniende sein.
   b) braucht nicht beachtet zu werden. Niederknien entstammt der Tradition und nicht der Heiligen Schrift.

c) sollte im allgemeinen kniend sein, d. h. wenn der körperliche Zustand es zuläßt.
d) darf lässig und nicht verkrampft wirken. ________

4. Paulus schrieb an Timotheus, daß er beten solle
a) für die Männer, die über uns regieren.
b) für seine Freunde, die noch nicht errettet sind.
c) um Kraft zum Durchhalten, damit er sein Heil nicht wieder verliere.
d) für alle Menschen. ________

5. Das Gebet: »Herr, hilf allen, die in fremden Ländern dein Evangelium verkündigen«, ist ein Beispiel
a) eines treffenden Gebetes, da es alle Diener Gottes einschließt.
b) eines treffenden Gebetes, weil hier die fremden Länder besonders genannt werden.
c) ein treffendes Gebet, weil es kurz das Nötigste sagt.
d) ein unzureichendes Gebetes, weil es zu allgemein gehalten ist. ________

6. Ein Gebet sollte zum Inhalt haben:
a) Bitte
b) Fürbitte
c) Danksagung
d) Alles oben Genannte. ________

7. Gebete sollten immer mit dem geoffenbarten Willen Gottes übereinstimmen. Solche Gebete
a) helfen uns, das Gesicht zu wahren, falls sie nicht erhört werden.
b) kann Gott erhören.
c) stimmen nie mit unseren eigenen Wünschen überein.
d) sind im allgemeinen sehr lang. ________

8. In wessen Namen sollen wir beten?
   a) In unserem eigenen Namen.
   b) Im Namen Jesu.
   c) Im Namen der Jungfrau Maria
   d) Im Namen eines Heiligen.
   e) In allen angeführten Namen. ________

9. Was sind die Voraussetzungen für Gebetserhörungen?
   a) Das Bleiben in Christus.
   b) Übereinstimmung mit dem Willen Gottes.
   c) Das Gebet im Namen Jesu.
   d) Reine Motive zu haben
   e) Alle Antworten treffen zu. ________

10. Laut zu beten, wenn man allein ist,
   a) sollte vermieden werden, da es einem Selbstgespräch ähnelt.
   b) sollte vermieden werden, damit die Leute nicht denken, man sei geistig behindert.
   c) sollte vermieden werden, weil man sonst denken könnte, daß Gott keine unausgesprochenen Gebete erhören kann.
   d) ist sehr zu befürworten, da es ein konzentriertes Beten ist. ________

Was meinen Sie?

Berichten Sie bitte, welche Gebetserhörungen Sie in Ihrem Leben erfahren haben.

____

____

____

____

____

11. Die goldene Regel eines Seelengewinners könnte wie folgt formuliert werden:
    a) Sprich täglich mit einem Menschen über Jesus Christus.
    b) Lebe in enger Gemeinschaft mit dem Herrn.
    c) Habe stets einige Traktate zum Weitergeben dabei.
    d) Sei mutig für Christus. ________

12. Für einen Seelengewinner ist es wichtig,
    a) daß er sich das Ziel setzt, mit allen Menschen, denen er begegnet, über Jesus zu sprechen.
    b) daß er in Abständen theologische Seminare besucht ode wenigstens einen Lehrgang über »Persönliche Evangelisation« absolviert.
    c) daß er Psychologie studiert.
    d) daß er sich in seinem Dienst vom Herrn durch den Heiligen Geist leiten läßt. ________

13. Welche Regel sollte man befolgen?
    a) Weise nie jemand zurecht, der den Namen des Herrn mißbraucht; bete höchstens für ihn.
    b) Vermeide es, religiöse Themen anzuschneiden.
    c) Warte stets auf Gelegenheiten, führe sie nie selbst herbei.
    d) Spreche frei über den Herrn, wenn der Geist Gottes Gelegenheiten schenkt. ________

14. Bei einem Zeugnis für den Herrn ist es ratsam,
    a) Bibelverse zu zitieren.
    b) nie das Wort Gottes zu zitieren, weil einige Leute darauf aggressiv reagieren.
    c) sich allein an die neuesten Erkenntnisse der Naturwissenschaft zu halten, weil man da-

durch Menschen am schnellsten zu Christus führen kann.

d) die Bibel ganz aus dem Spiel zu lassen, falls die Leute sie als Gottes Wort ablehnen. ____________

15. Wenn jemand voller Widerspruch ist und die Botschaft des Evangeliums ablehnt, beweist das,
a) daß der Heilige Geist ihn von seiner Sünde überführt hat.
b) daß sein Herz verhärtet und er hoffnungslos verloren ist.
c) daß man ihn ein für allemal in Ruhe lassen soll.
d) daß er ein religiöses und strenges Elternhaus hatte. ____________

16. Wenn wir mit einem Menschen über Christus sprechen, sollten wir
a) immer auf eine rasche Entscheidung drängen.
b) auf die Entscheidung für Christus verzichten.
c) aufmerksam prüfen, ob die Bereitschaft zu einer klaren Entscheidung für Christus vorhanden ist, ihn aber nicht »unter Druck setzen«.
d) ihm den Rat geben, bei einer Evangelisationsversammlung »nach vorne« zu gehen, weil es ohne ein öffentliches Bekenntnis keine echte Bekehrung geben kann. ____________

17. Ein Christ, der Angst hat, für den Herrn zu zeugen,
a) ist offensichtlich nicht zu diesem Dienst berufen.
b) sollte Gott um Mut und Furchtlosigkeit bitten.
c) hat keine Wiedergeburt erlebt.
d) sollte an einem Kursus teilnehmen, in dem

man lernt, wie man Freunde gewinnt und Menschen beeinflußt. ________

18. Die Bibel berichtet über die Freude, die das Seelengewinnen mit sich bringt. Wir lesen das in
a) Matthäus 4, 19.
b) Markus 2, 22.
c) Lukas 15, 10.
d) Hebräer 4, 12. ________

19. Lesen Sie bitte aufmerksam Johannes 1. Wer wurde zu Jesus geführt durch das Zeugnis eines Menschen, der Christus gefunden hatte?
a) Andreas.
b) Simon Petrus.
c) Nathanael.
d) Alle drei. ________

20. Lesen Sie bitte Matthäus 9, 9. Wie gewann der Herr Jesus den Matthäus (manchmal auch Levi genannt), um ihm nachzufolgen?:
a) Durch eine Massenveranstaltung.
b) Durch ein persönliches Gespräch.
c) Durch einleuchtende Argumente.
d) Durch einen Besuch in seinem Haus. ________

Was sagen Sie dazu?

Berichten Sie bitte von einer persönlichen Erfahrung, die sie machten, als Sie mit jemand über den Herrn sprachen.

____

____

____

____

Schneiden Sie bitte die Prüfungsbogen zur 5. Prüfung heraus und senden diese, wenn keine andere Adresse angegeben ist, an die Emmaus-Fernbibelschule, Postfach 168, D-6340 Dillenburg. Bitte legen Sie einen an Sie adressierten Freiumschlag bei.

Ein Leben mit Christus **6 Prüfung (Lektion 11 u. 12)**

Name:	Vorname:	
Straße:	Plz/Ort:	
Korrigiert von:	Datum:	Note:

Lektion 11

Lesen Sie bitte jede Frage gründlich durch! Schreiben Sie dann den Buchstaben der richtigen Antwort rechts auf die vorgedruckte Linie!

1. Fruchtbares und gewinnbringendes Bibelstudium
   a) kann nur in Zusammenarbeit mit einer anerkannten Bibelschule durchgeführt werden.
   b) kann nur in völliger Abhängigkeit vom Heiligen Geist geschehen.
   c) muß ohne Hilfsmittel durchgeführt werden, d. h. ohne Kommentare, und Nachschlagewerke.
   d) muß auf jede menschliche Hilfe verzichten. ________

2. Das Ziel des Bibelstudiums ist,
   a) das Bibelwissen zu erweitern.
   b) das Denken anzuregen.
   c) den Verstand zu schulen.
   d) das Gelesene und Gelernte täglich in die Praxis umzusetzen. ________

3. Die Hilfe einer Bibel-Konkordanz liegt darin, daß sie
   a) jeden einzelnen Vers der Bibel kommentiert.
   b) uns beim Finden eines bestimmten Bibelverses hilft.

c) uns vielseitige Auskunft über ein biblisches Thema gibt.
d) die verschiedenen Bibelübersetzungen überflüssig macht. ________

4. Eine wichtige Voraussetzung zum richtigen Bibelstudium liegt darin,
a) die Bibel wahllos irgendwo aufzuschlagen und das zu studieren, was man dort zuerst sieht.
b) zuerst möglichst viele Kommentare über einen Abschnitt zu studieren und erst danach den Abschnitt in der Bibel zu lesen.
c) Griechisch und Hebräisch zu lernen, ehe man mit dem Studium beginnt.
d) die Heilige Schrift aufmerksam, erwartungsvoll und betend zu erforschen und bereit zu sein, sich den Forderungen der Schrift zu stellen. ________

5. Lektion 11 warnt uns
a) vor dem Gebrauch von Bibel-Kommentaren.
b) vor dem Versuch, schwierige Bibelstellen verstehen zu wollen.
c) eine Lehre auf einen aus dem Zusammenhang gerissenen Bibelvers aufzubauen.
d) eine Bibelstelle mit den angegebenen Parallelstellen zu vergleichen. ________

6. Maleachi 3, 16 gibt uns ein gutes Beispiel, wie
a) gottesfürchtige Menschen miteinander reden, so daß Gott auf sie aufmerksam wird.
b) man ein segensreiches Bibelstudium durchführt.
c) man eine theologische Theorie aufbauen kann. ________

7. Schlagen Sie bitte Psalm 23 auf. Lesen Sie diesen Psalm ehrfurchtsvoll und denken Sie darüber nach. Stellen Sie die Fragen an den Test, die in Lektion 11, unter Punkt 4 angegeben sind.

Beantworten Sie kurz die beiden folgenden Fragen; die den Psalm 23 betreffen:

a) Welche Verheißung dürfen Sie für sich persönlich in Anspruch nehmen?

b) Welche Sünde oder Gefahr sollten Sie meiden? (Beachten Sie bitte, daß eine Sünde oder Gefahr nicht immer direkt genannt wird)

8. Schreiben Sie bitte Johannes 1, 12 oder Johannes 3, 36 auswendig nieder.

Was sagen Sie dazu?

Was hat Ihnen in dieser Lektion am meisten geholfen?

9. Der Herr Jesus nannte den reichen Mann in Lukas 12, 16–21 einen Toren,
   a) weil er ein Atheist war.
   b) weil er in seiner Habgier die Ewigkeit außer acht ließ.
   c) weil er reich war.
   d) weil ihm das Geschäftemachen lag. ________

10. Wahre Jüngerschaft bedeutet,
   a) die Übergabe aller Lebensbereiche.
   b) Bequemlichkeiten aufzugeben, Feindschaft und Spott von Außenstehenden zu ertragen.
   c) irdische Sicherheit aufzugeben.
   d) Alle Antworten treffen zu. ________

11. In Römer 12, 1 werden die Gläubigen ermahnt, dem Herrn ein lebendiges, heiliges, Gott wohlgefälliges Opfer darzustellen. Gemeint ist damit
   a) das ganze Sein-Leib, Seele und Geist.
   b) die Seele.
   c) das Geld.
   d) die Liebe. ________

12. Ein Christ, der sich ganz dem Herrn hingibt, wird
   a) manches tun müssen, das er nicht akzeptieren kann.
   b) ganz bestimmt von Gott auf ein schwieriges Missionsfeld geschickt.
   c) von Gott mit Freude und Frieden belohnt.
   d) immer Angst davor haben, was Gott als nächstes von ihm verlangt. ________

13. Wenn man sich Gott hingibt, sollte
   a) dies mit äußerster Vorsicht geschehen.

b) man noch über einige Gebiete seines Lebens die Herrschaft behalten.
c) man es mit aller Bereitschaft und Konsequenz tun und es sich so schwierig wie möglich machen, umzukehren.
d) man schrittweise vorgehen, indem man sich dem Herrn nach und nach ausliefert. __________

14. Was kann einem Jünger Jesu, der sich dem Herrn hingegeben hat, leicht zu einer Verführung und zum Verhängnis werden?
a) Karriere im Beruf.
b) Eine falsche Heirat.
c) Das Aufgehen in Interessen und Plänen, die alle im Zeitlichen enden.
d) Alle angeführten Dinge treffen zu. __________

15. Apostelgeschichte 20, 35 sagt uns,
a) daß es besser ist, eine Ehe einzugehen, als von Begierde verzehrt zu werden.
b) daß Geben seliger ist als Nehmen.
c) daß es weiser ist, auf das Beste des Herrn zu warten, als vorschnell mit weniger zufrieden zu sein. __________

16. Wo steht geschrieben, daß der Herr Jesus nicht gekommen ist, um sich bedienen zu lassen, sondern um zu dienen.
a) Matthäus 10, 16.
b) Matthäus 16, 25.
c) Matthäus 20, 28.
d) Matthäus 25, 21. __________

17. Das Leben eines Jünger Jesu ist
a) ein Glaubenskampf.
b) bequem und mit finanziellem Reichtum verbunden.
c) ein Bild einer verlorenen Schlacht.
d) eine unerträgliche Last. __________

18. Die Belohnung eines Lebens, das für Christus gelebt wurde, wird gegeben, wenn Gott sagen wird: »Wohl, du guter und treuer Knecht! ... Geh ein in die Freude deines Herrn.« Diese Aussage finden wir
   a) in der Bergpredigt.
   b) in der Geschichte vom barmherzigen Samariter.
   c) in dem Gespräch, das der Herr Jesus mit seinen Jüngern im Obersaal führte.
   d) im Gleichnis von den anvertrauten Talenten. ________

Was sagen Sie dazu?

Was hat Ihnen das Studium »Ein Leben mit Christus« zu sagen gehabt?

____

____

____

____

Schneiden Sie bitte die Prüfungsbogen zur 6. Prüfung heraus und senden diese, wenn keine andere Adresse angegeben ist, an die Emmaus-Fernbibelschule, Postfach 168, D-6340 Dillenburg. Bitte legen Sie einen an Sie adressierten Freiumschlag bei.

Weitere Emmaus-Fernbibelkurse

Sie haben diesen Kurs mit Erfolg durchgearbeitet. Sicherlich haben Sie Freude und innerlichen Gewinn dabei gehabt. Wir empfehlen, hiermit das Studium nicht zu beenden, sondern mit einem weiteren Kurs fortzusetzen.

Auf folgende Emmaus-Fernbibelkurse möchten wir hinweisen:

2 Hilfen zum geistlichen Wachstum
William MacDonald
12 Lektionen, 110 Seiten.
Notwendige und echte Hilfen, geistliche Niederlagen in Sieg umzuwandeln. Ein Kurs, der anspornt, den Glauben in die Tat umzusetzen. Außerdem behandelt dieser Kurs: Stille Zeit, die Früchte des Geistes, Mission, mein Besitz, Freundschaft und Ehe usw.

8 Persönliche Evangelisation
Alfred P. Gibbs
12 Lektionen, 160 Seiten.
Menschen für Jesus Christus zu gewinnen, wie macht man das? Seinen Glauben wirksam und überzeugend mitzuteilen und welche Voraussetzungen dazu notwendig sind, erfährt man in diesem Kurs. Es werden spezielle Anleitungen gegeben und durchführbare Methoden vorgeschlagen. Ein außerordentlich wertvolles Studium für jeden Gläubigen.

1 Was die Bibel lehrt
William MacDonald
12 Lektionen, 124 Seiten.
Warum sind durch diesen Kurs viele Menschen zum Glauben an Jesus Christus gekommen? Überzeugend und leicht verständlich wird hier die Notwendigkeit einer Wiedergeburt erklärt. Dieser »kleine Missionar« zeigt unermüdlich den Weg zum ewigen Leben.

9 Begraben in der Taufe
William MacDonald
6 Lektionen, 80 Seiten.
Die Taufe! Der Verfasser behandelt ausführlich die wichtigsten biblischen Erkenntnisse über die Taufe. Ein unentbehrlicher Kurs für solche, die den Wunsch haben, sich taufen zu lassen.

10 Das Mahl des Herrn
Neil Fraser
6 Lektionen, 80 Seiten.
Dieser Kurs lehrt, der Anweisung Jesu »Dies tut zu meinem Gedächtnis«, Folge zu leisten. Die Bedeutung und Wichtigkeit des Gedächtnismahles des Herrn wird betont und das Verständnis gegenüber der Person Jesu und seinem Werk vertieft.

Bestellschein

_____ Emmauskurs 2
_____ Emmauskurs 1
_____ Emmauskurs 8
_____ Emmauskurs 9
_____ Emmauskurs 10

Name: ______________ Straße: ______________

Plz., Ort: ______________ Datum/Unterschr.: ______________

Bitte einsenden an:
Emmaus-Fernbibelschule, Postfach 168, D-6340 Dillenburg